無子高齢化

（出生数ゼロの恐怖）

無子高齢化

（出生数ゼロの恐怖）

前田正子
Masako Maeda

岩波書店

はじめに

どんどん減っていく現役人口

二〇一七年、『未来の年表』(河合雅司)という本が大きな注目を集めた。これは、国立社会保障・人口問題研究所が発表した日本の将来推計人口を基に書かれたものである。副題に「人口減少日本でこれから起きること」、第一部が「人口減少カレンダー」とあるように、出生数が一〇〇万を切った二〇一六年を皮切りに、人口が減っていく一方の二〇六五年までの日本に、何が起こるかまとめたものである。このきわめて示唆に富む警告を、私は大学での講義など、さまざまな場面で紹介している。

いま、日本の少子高齢化がすさまじい勢いで進んでいる。二〇一八年の敬老の日に発表されたデータによると、日本の高齢化率は二八・一%と世界最高比率を記録し、今後もどんどん上がっていくことになる。なにせ一〇〇歳以上の高齢者が七万人を超えているのだ。

二〇一六年、ついに日本で生まれる出生児数は一〇〇万人を切り、約九七・七万人となった。二〇一七年の出生児数はさらにそれを下回る九四・六万人であったが、亡くなったのは一三四・四万人である。つまり、二〇一七年には人口は約四〇万人減少しており、それは毎日約一一〇〇人が日本から消えていたことになる。

実は話はそれでは終わらない。

少子化が進むとともに、毎年約五〇〇校もの小中高校が廃校になっている。すでに出生児数ゼロという自治体も出現してきている。少子化がここ何十年も続いているということは、それだけ社会を支える現役世代が減り続けている、ということである。二〇一七年には、二〇~六四歳の現役世代は前年比で約五六万人減であり、一日当たり約一五三〇人の減少となる。人口減少を上回るスピードで現役世代が減り続けているのだ。

働き手が減る影響は広がっている。二〇一八年九月、総務省は、土曜日の郵便物の配達を廃止する方向で検討に入った。人手不足で配達員の負担が重いためだという。早ければ二〇一九年にも法改正がなされる。これまであたりまえだと思っていたさまざまなサービスは、人手不足で今後は維持が難しくなってくるだろう。

さらに農業者の高齢化もすさまじい。農業就業人口は毎年数%ずつ減っているだけでなく、その七割近くが六五歳以上である。たとえば手間暇がかかり機械化が難しいミカンは、農家の高齢化とともにミカンの木の老木化も進んでおり、天災や悪天候も重なって収穫量も落ちている。「テレビを見ながらミカン」は、そのうち終わってしまうかもしれない。

すでに二〇一三年には日本の住宅全体の一三・五％が空き家だったが、それが三三年には三割を超すと予想されている。二〇四〇年には、日本の人口は二〇一五年比で一割強減少するが、一五～六四歳の現役人口は二割以上減る。その時の高齢化率は三五％を超える。国民の三人に一人が高齢者になるのだ。

“溶けない氷河”世代を社会に組み戻す

ここまで少子化が進んだ背景には、戦後の人口動向を政府が読み誤ったことがある。また、少子化の進展を少しでも止めるチャンスであった第三次ベビーブームが起こらなかったこと、つまり団塊ジュニアとポスト団塊ジュニア世代の未婚化が進んだことが大きな要因である。それは決して若者の自分勝手な都合ではない。就職氷河期に学卒者になったかれらは時代の被害者である。

バブル崩壊以降、企業は生き残りに必死であり、新卒採用を抑制し、労働力の非正規化を進めた。だが、これが深刻な合成の誤謬をもたらした。若者が安定した職に就けず、働いても収入が低ければ、結婚・出産は難しい。個々の企業は当面は生き残ったかもしれないが、少子化はいっそう進み、社会の未来が脅かされることになった。二〇〇〇年から〇四年にかけては、大学生の四人に一人が無業もしくはアルバイトで卒業していったのだ。

そして、この就職氷河期に学卒時を迎えた現在三〇代後半から四〇代前半の世代は、〝溶けない氷河〟世代であり、所得も他の世代に比べて恵まれないままである。

総務省統計局の集計によると、二〇一六年時点で、親と同居する三五~四四歳の壮年未婚者は、二八八万人おり、うち基本的な生活を親に依存している人が約五二万人である。親が死亡した場合、かれらは深刻な生活難に陥る可能性がある。かれらは「失われた二〇年」の時代に「捨てられた世代」でもある。現役世代が減り続ける中で、かれらの能力を社会に活かせないままなのだ。

ここ数年は、団塊世代が本格的に引退したことで人手不足感が強まり、新規学卒者の就職状況は改善している。だが一方で、初職が非正規という若者も高い比率で推移している。

若い世代が安定した仕事に就き、望めば安心して結婚し、子どもを産み育てられるようになるには、何よりもまず貧困対策と就労支援が欠かせない。そして、保育問題に限らず、妊娠期から青年期までの包括的な子育て・若者支援政策を体系化することが一日も早く必要だ。今までのように不十分な財源で、小出しの施策を打ち出すようでは少子化の克服はありえない。このままでは本当に、子どもの生まれない無子高齢化社会になりかねないのだ。

そして重要なことだが、今すぐ、合計特殊出生率が人口置き換え水準の二・〇七となったとしても、日本の人口減少は五〇年以上止まることはない。すでに出産可能年齢の女性の人口が減ってしまっているからだ。急速な少子高齢化が進む中で、現在と同じインフラやサービスを維持することはもはや不可能である。何をあきらめ、何を負担するかという痛みを伴う議論は避けられない。そのうえで、次世代の育成のためには、十分な財源を確保した包括的な政策を展開することが必要なのだ。私たち全員が、社会のビジョンを熟議し、合意形成していかなくてはならない。

もはやこれまでの延長線上には、私たちの未来はないのだ。

目　次

第5章　若者への就労支援と貧困対策こそ少子化対策である
――包括的な支援が日本の未来をつくる

人口減少は止められるのか／婚活支援より先にやるべきこと／結婚したいけれど……ずれる理想と予定／男性の収入　女性の期待とその現実／男性の賃金は低下し続けてきた／子育て世代の家計も厳しい／奨学金が少子化を招く？／いま必要なのは人生前半への支援／就労支援と貧困対策こそ少子化対策／緩少子化と超少子化の国は何が違う？／家事・育児を一緒に担う共働きの方が総労働時間が増える／人材をムダにするな　放置される未婚無業女性／深刻化する八〇五〇問題／必死で働いて貧乏になった「安くておいしい日本」の限界／「日本は何もかもが安い」／競争原理と地方創生のどちらを取るのか？／もう新しいタワマンもダムも道路もいらない／社会のOSを変えよう　総合的な社会保障の再設計を／外国人労働者はモノではなく人間である／受け入れ体制をつくっていく覚悟と努力／体制整備のコストは行政に転嫁される／移民は人口問題を解決するか？

第1章

少産多死ニッポン 人口が減ると 何が起こる？

日本は少産多死の国
毎年 500 の学校が閉校している
合計特殊出生率 1.44 で何が起こるか
問題は生産年齢人口　1.4 人の現役で 1 人の高齢者を支える日
サービスもセーフティネットも成立しなくなる
もうミカンは食べられない？
水道事業は維持できるか
90 歳はめでたくない？　いまや約 219 万人
高齢者 4 割社会は未体験ゾーン
すでに地方では急速な人口減少が始まっている
生産年齢人口は激減していく
2040 年，3 人に 1 人が 75 歳以上になる秋田県
出生数ゼロ地域の出現
無子高齢化は「今ここにある危機」

日本は少産多死の国

日本の人口は今も日々減り続けている。

二〇一五年の国勢調査では、一〇月一日現在の人口は一億二七〇九万人だったが、それからも毎日日本の人口は減っているのだ。それは私たちの誰も経験したことのない、新しい状況だ。

日本は、戦後ずっと人口が増加していた。それは簡単な話で、要するに**死亡する人数より生まれる人数の方が多かった**のである。

二〇〇五年、初めて死亡する人数が生まれる人数を上回った。二〇〇五年の出生人数は約一〇六万人、そして死亡人数は約一〇八万人で、差し引き約二万人の人口が減ったことになる。その後、二〇〇六年にはいったん出生人数の方が死亡人数を上回ったものの、〇七年からは恒常的に出生人数を死亡人数が上回って、本格的な人口減少が始まっている。

しかも毎年、減少していく幅が大きくなってきているのだ。それは、生まれる赤ちゃんが少なく、その数を上回る多くの人が死ぬ、**「少産多死の時代」に日本が入った**ということを意味している。

たとえば、二〇一六年には約三三万人の人口が減少した。一七年は、生まれたのは九四・六万人で、亡くなったのは一三四・四万人と、一年に三九・八万人が減少している。これをならすと、**二〇一六年には毎日約九〇〇人、一七年には毎日約一一〇〇人が日本から消えていた**ことになる。ところが、それでもまだ本格的な減少時期には入っていないのである。団塊の世代が亡くなり出す二〇三〇年代以降には、人口減少の勢いはさらに増していくと予測されている。

毎年五〇〇の学校が閉校している

そのうえ少子化で、子どもの数の減少も深刻だ。実は、**ここ一五年間で、毎年五〇〇校近くの小中高校が閉校になっている。**二〇一五年には、小中高を合わせて五二〇校が閉校している。多くの人が気づかない間に、毎年五〇〇校前後の学校が消え続け、今や毎日約一一〇〇人の人口が減る状況となっているのだ。

筆者が、観光客で賑わう世界自然遺産の知床を訪れた時のことだ。知床の位置する斜里町内には、廃校になった学校がひっそりといくつも点在しており、その風景に驚いた。あたりまえのことだが、いくら観光客がたくさんいても、地元の人口減や少子化には直接は関係ないのである。

そして、このままいくと日本の人口は、二〇二五年には約一億二二五四万人（二〇一五年比で約四五五万人減）、三〇年には約一億一九一三万人（同約七九七万人減）、四〇年には約一億一〇九二万人（同約一六一八万人減）となる。

つまり二〇四〇年の人口は、二〇一五年時点の人口の約一三％減、今の人口の約八人に一人がいなくなる、という計算になる。

それだけ人が減れば、当然家もいらなくなる。野村総合研究所（二〇一六）によると、すでに二〇三三年には日本中の家の約三割が空き家になると予測されている。

これが、たった十数年後に訪れる日本の未来なのだ。

合計特殊出生率一・四四で何が起こるか

では、なぜ日本の人口は減っているのだろうか。答えは簡単だ。生まれる子どもが減少しているからである。二〇一六年の合計特殊出生率（一人の女性が一生の間に平均して産む子どもの人数）は一・四四であった。日本の将来の人口を推計する時にも、この一・四四という数値が使われているが、これはどのような状況を意味しているのだろうか。ちなみに二〇一七年の合計特殊出生率はさらに下がって一・四三である。

一人の女性が平均して一・四四人の子どもを産むのだから、一見すると人口は減らないように思える。だが、当然ながら子どもを産むには男女二人が必要なので、実際には人間二人から一・四四人の子どもしか生まれないわけだ。ということは、このままだと人口は一世代ごとに約三割ずつ減っていく計算になる。

これを男性・女性がそれぞれ一〇〇人しかいない社会で説明してみよう。全員が結婚して一〇〇組のカップルとなり、全女性が平均数の子どもを産むと、一〇〇人×一・四四で一四四人の子どもが生まれる。つまり、二〇〇人の人間の次世代は一四四人となり、五六人の減少である。この子世代の約半分、七二人が女子である。実は、自然にまかせると男子の方が女子より多く生ま

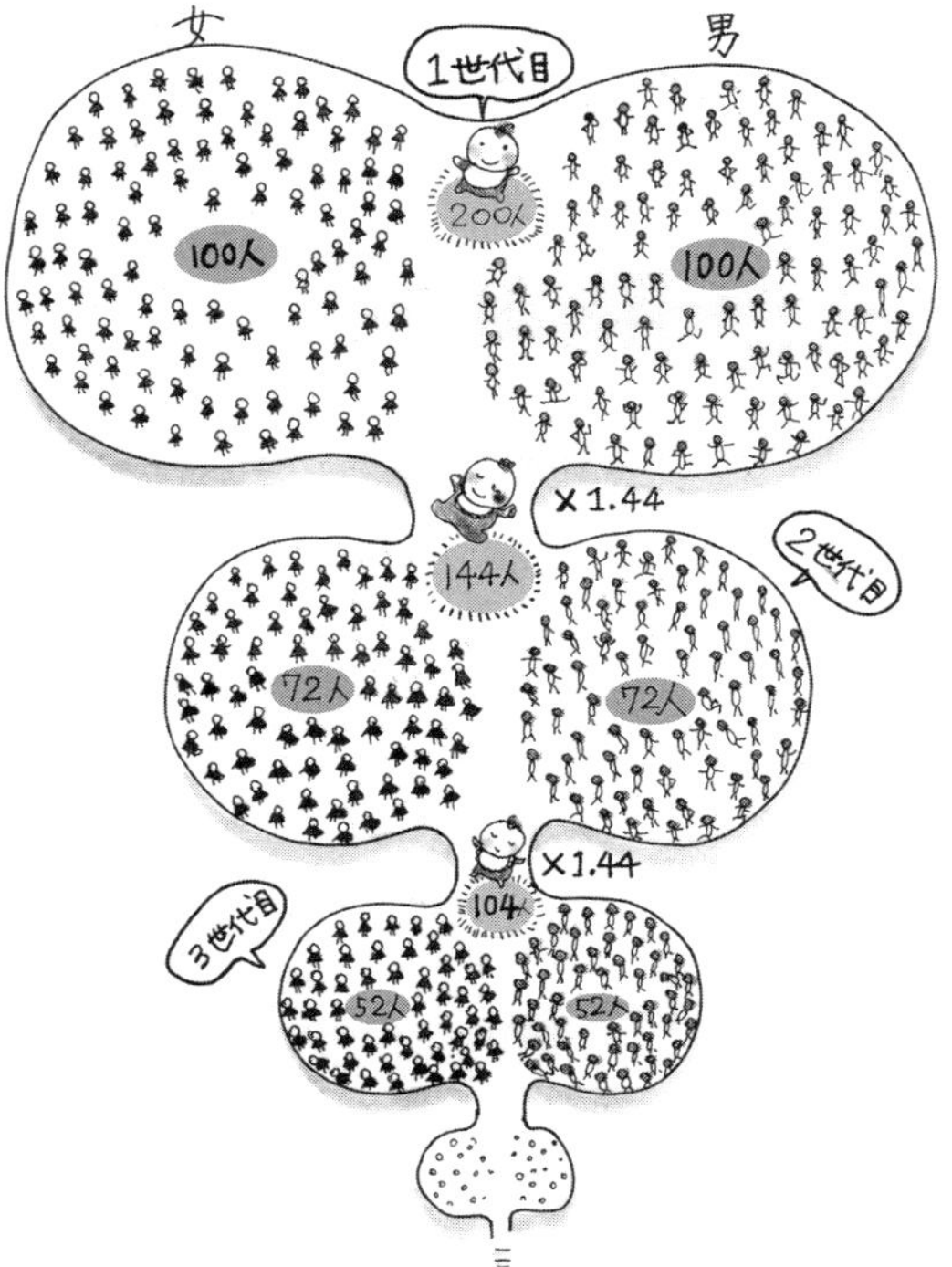

図 1-1　出生率 1.44 の未来

イラスト：日高眞澄

れてくる。だが、女性の方が長生きなので、日本の総人口では女性の方が多い。

この七二人の子世代の女性たちが、次の孫世代を、同じ合計特殊出生率一・四四で産むとすれば、七二人×一・四四なので、孫世代は約一〇四人になる。

女子はその半分の五二人である。最初の二〇〇人の世代からスタートして、子世代は約三割減の一四四人、孫世代はさらに子世代の三割減の一〇四人ということになる。このように、**現在の合計特殊出生率一・四四のままだと、早くも三世代目の時点で、日本で生まれる子どもの数は半分になってしまう**のだ(**図1−1**)。

人口を一定水準で維持するのに必要な合計特殊出生率は、「人口置き換え水準」と言われる。人口が維持されるためには、まずは男女二人のカップルから生まれた子どもたちが、親世代と同じ人数だけ、出産可能年齢になるまで無事に育つことが必要である。そのため、子どもの死亡率などの違いから、国によってこの人口置き換え水準は異なっている。日本の場合は二・〇七であり、一・四四はこの二・〇七を大幅に下回っている。人口が減って当然なのだ。

実は、状況はもっと悪い。**日本では、今後出産可能年齢の女性の人口が減っていくことが明らかだからだ。**二〇一五年の女性の平均初産年齢は三〇・七歳で、近年では、最も出生率が高いのは三〇〜三四歳の女性である。

では、今後「三〇歳女性」の人数がどう推移するか見てみよう。国勢調査では、二〇一五年一〇月一日現在、三〇歳の女性は約六九万人だった。そして、一〇年後に三〇歳になる二〇歳の女性は約五九万人と、一〇万人減少する。二〇年後に三〇歳になる一〇歳の女性は約五二万人で一七万人減、三〇年後の二〇四五年に三〇歳になる〇歳の女子は約四七万人しかいない。つまり、**三〇年後に平均初産年齢を迎える女性は、今より三割以上減ってしまうことがすでに決まっているのである。**

今後は毎年、出産可能年齢の女性も減少していくので、合計特殊出生率が少しぐらい上がったとしても、生まれる子どもの人数が増える見通しが立たないのだ。

二〇〇九年の合計特殊出生率は一・三七で、出生人数は約一〇七万人だった。二〇一二年の合計特殊出生率は一・四一に上がったものの、出生人数は約一〇四万人と、三万人減っている。さらに二〇一七年は一・四三で、約九四万人しか生まれていない。**出産可能年齢の女性が減れば、合計特殊出生率が上がっても、生まれる子どもの人数は増えない**ことがわかるだろう。

このようにして今後、日本の人口は加速度的に減っていくことになる。

問題は生産年齢人口　一・四人の現役で一人の高齢者を支える日

今後の日本の人口減少に対して、「問題ない」という意見もある。確かに日本の人口は世界一一位で(二〇一六年)、より少ない人口で経済成長を維持している国は数多い。同年の人口でドイツは約八二〇〇万人、イギリスやフランスは約六四〇〇万人である。

日本も一九四五年の人口は約七二一五万人、五〇年に約八三二〇万人、五五年には約八九二八万人、六五年には約九八二八万人だった。たとえ今後人口が減ろうとも、その時に比べれば、まだ人口が多いのだから心配することはない、という意見である。

しかし、**問題は年齢別の人口のバランス**である。あたりまえのことだが、人口増加期にはどんどん子どもが生まれるわけだから、増えていたのは若い人口だった。ところが今後は、人口が減りながら高齢者が増えていくのである。

表 1–1　今後の人口と高齢化率及び1人の高齢者を支える現役人口の人数

年	総人口（千人）	高齢化率*（%）	現役/高齢者比率**
1950	83200	4.9	10.0
1955	89276	5.3	9.7
1960	93419	5.7	9.5
1965	98275	6.3	9.1
1970	103720	7.1	8.5
1975	111940	7.9	7.7
1980	117060	9.1	6.6
1985	121049	10.3	5.9
1990	123611	12.0	5.1
1995	125570	14.5	4.3
2000	126926	17.3	3.6
2005	127768	20.1	3.0
2010	128057	22.8	2.6
2015	127095	26.6	2.1
2020	125325	28.9	1.9
2025	122544	30.0	1.8
2030	119125	31.2	1.7
2035	115216	32.8	1.6
2040	110919	35.3	1.4
2045	106421	36.8	1.3
2050	101923	37.7	1.3
2055	97441	38.0	1.3

注：*高齢化率とは人口全体に占める 65 歳以上人口の割合
　**何人の現役人口で高齢者を支えるかを見るために，20〜64 歳人口を 65 歳以上人口で割ったもの
資料：2015 年までは総務省統計局「国勢調査」，2020 年以降は国立社会保障・人口問題研究所（2017）「日本の将来推計人口（平成 29 年推計）」

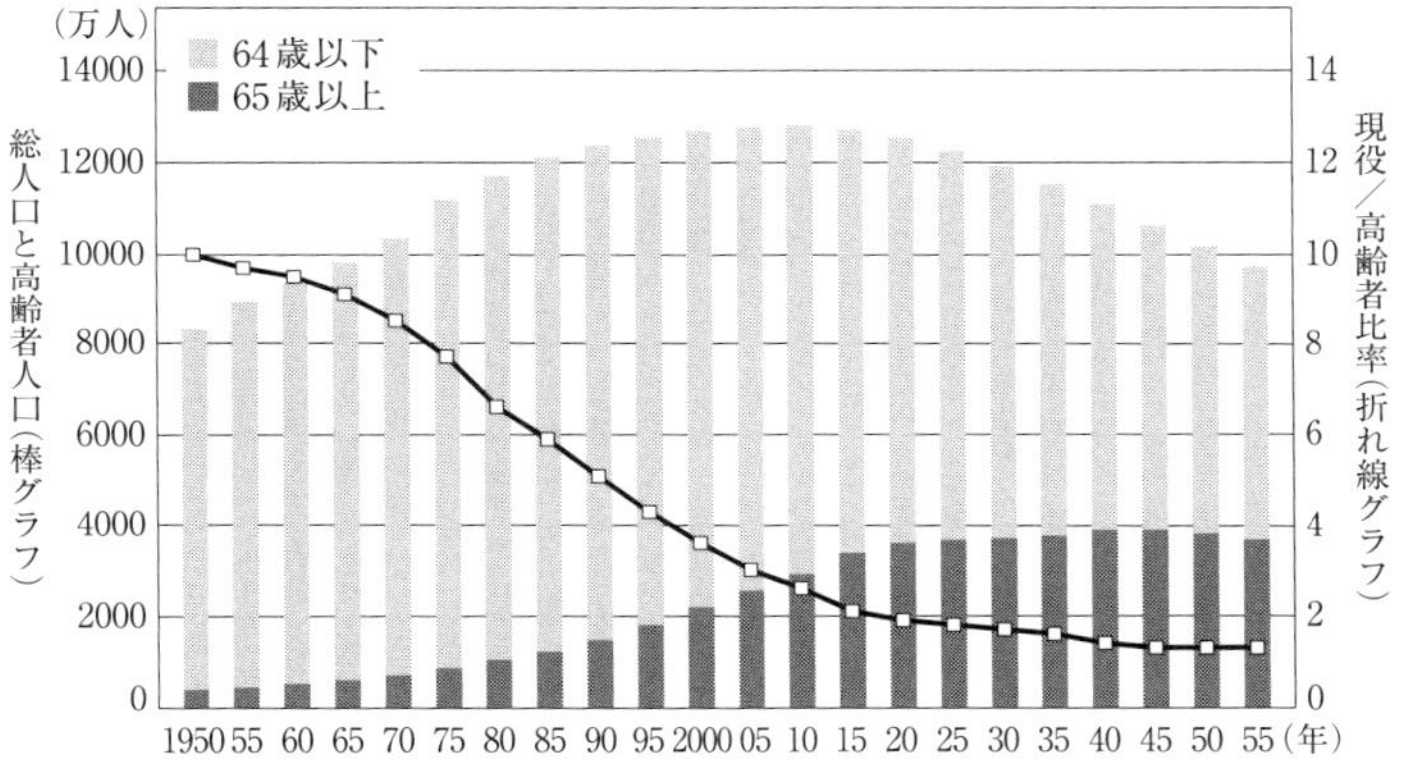

資料：表1-1に同じ

図1-2　総人口と高齢者人口及び現役/高齢者比率の推移

それでは生産年齢人口、つまり現役人口がどうなるかを見てみよう。

現在の考え方では、一五～六四歳が生産年齢人口、六五歳以上が高齢者人口とされている。しかし現実には、一五歳で職業に就くことはそれほど一般的ではない。二〇一八年の高校進学率は九八・八％、また、高校卒業生の三分の二は大学か専門学校に進学する。実際に若者の多くが働き出すのは、二〇歳を過ぎてからである。

表1-1は、今後の総人口の推移と、その中の六五歳以上人口の割合、そしてさらに何人の現役世代で六五歳以上の高齢者を支えるかを見るために、二〇～六四歳の人口を六五歳以上人口で割った数値をまとめたものだ。

これをグラフにすると**図1-2**となる。

二〇二五年には一・八人の現役で一人の高齢者を

支えることになる。この比率は高齢化の進展とともに下がり続け、**二〇四〇年には高齢者一人に対して二〇〜六四歳の現役は一・四人**しかいない。高齢者一人を支える現役人口は、一九七〇年には八・五人、七五年には七・七人であった。一九七五年と二〇四〇年は、人口規模はほぼ同じだが、社会の様子は大きく違っている。人口規模だけを見ていては社会の状況はわからないのだ。二〇四〇年には、ほぼ同じ人口だとしても一九七五年よりはるかに少ない現役人口で税や社会保険料を負担して、高齢者の年金や医療費を賄うとともに、介護や見守りなども担って高齢者の生活を支えていかなくてはならない。たった一・四人の現役で一人の高齢者を今まで通り支えることは、はたして可能だろうか?

サービスもセーフティネットも成立しなくなる

この章の最初で、二〇一六年には毎日約九〇〇〇人、一七年には約一一〇〇人ずつ人口が減っていると書いたが、状況はもっと深刻だ。二〇一五年時点で六四歳は約一八七万人、一九歳は約一一九万人いた。そうすると、翌一六年には約一八七万人が六五歳となり、新たに高齢者のカテゴリーに入るが、新しく二〇歳になって支え手となる人は一一九万人しかおらず、現役世代が約六八万人減少したことになる。これを三六五日で割ると、一日当たり約一八六〇人の減少である。同じく二〇一七年には、現役世代が約五六万人減で、一日当たり一五三〇人の減少となる。

つまり、**人口減少を上回るスピードで現役世代が減っている**のである。今、いたるところで急速に人手不足がおこり、宅配便を運ぶ人やトラックの運転手がいなくなっているのも当然である。東京オリンピックの建設工事の現場で過労死した若者が出たように、人手が圧倒的に足りなくなり、一人ひとりの負担が増しているのだ。

ファミリーレストランなどの外食チェーンで二四時間営業をやめるところが出てきているが、これは、人手不足の中で、今いる人に長く働いてもらうために労働条件の改善を図っているためもある。出前サービスなどもいつまで維持できるかわからない。実際に日本郵便も土曜日の配達をやめることを検討している。**これまであたりまえのように受けていたサービスが、今後は不可能になってくる**だろう。

また、人がどんなライフコースを選んでも安心して暮らしていくためには、社会保障などのセーフティネットが欠かせない。年金や医療・介護保険の財政を支えているのは言うまでもなく現役世代である。若い世代が減れば制度の維持も難しくなり、セーフティネットはもっと脆弱になっていく。

たとえば年金は、賦課方式といって、現役人口が支払う保険料がそのまま高齢者への年金支払いに回っている。いわば社会全体での仕送りである。だが、増え続ける高齢者の年金を、少ない現役人口で支えるにも限度がある。そのためマクロ経済スライドという仕組みが導入され、長寿化が進むのにあわせ、高齢者の受給する年金と減っていく現役人口の保険料がつりあうように、年金は少しずつ伸びが抑えられることになっている。

また、国民年金の給付には多額の税金が投入されている。医療費にしても、健康で、保険料を支払うだけで病院にあまり行かない現役世代がいるからこそ、高齢者の医療費も支えられるのだ。

他にも、赤字の公共交通を支えるために税を投入するにも、その税を納める現役の働き手が必要である。すでに道路の補修維持費も足りずに、危険な橋梁も補修できない事態が起こっている。

問題は財政面だけではない。病気になっても高齢になっても、誰もが安心して暮らしていくためには、介護士や看護師だけでなく、声をかけたり、ゴミ出しなど日々の生活を手伝ってくれる近隣の住民といった「人手」が必要なのだ。**地域の暮らしを支えているさまざまな〝他人〟がいなくなってしまったら、孤立死・孤独死の増加は避けられない**だろう。

そもそも社会とは、多くの他人との連携で成立しているものである。家族がいてもいなくても、人が多様なライフコースを選ぶことができ、安心して自由に生きていくためには、生活を支え、さまざまなサービスを提供してくれる〝他人〟が欠かせない。将来の社会の支え手となり、サービスの提供者である〝他人〟となっていく子どもを、誰かが産み育ててくれることが必要である。そうでなくては、みんなの暮らしや地域も立ち行かなくなる。**急速な少子化・現役人口の減少は、私たち全員にとっての最大の危機**なのだ。

もうミカンは食べられない？

現役人口の減少、つまり「働く人間が減る」ということは、私たちの食生活も大きく変える可能性がある。たとえば、**このまま日本の農家の減少と高齢化が進めば、ミカンも食べられなくなるかもしれないのだ。**

農業就業人口は二〇一七年には二〇一六年比で約五％減っている。しかも農業就業人口の七割弱は六五歳以上である。なかでもミカンは小規模な農家が多く、ミカン畑は急な傾斜にあって、機械化も難しい。高齢になった農家には広い面積を維持し収穫するのも困難で、年齢に合わせて耕作面積も小さくなる。ミカン農家の高齢化だけでなく、ミカンの木の老木化も進み、ミカンの生産量が落ちている。二〇一七年には台風の影響もあり、一九七三年以降、過去最低の収穫量となった。そのためミカンの価格は高騰し、愛媛県産のミカンジュースも二〇一八年から値上げとなっている。

それでは外国人の「技能実習生」を入れればいいかといえば、ミカンは人手のいる収穫期が限られており、一年中仕事があるわけではない。食品加工まで手がけるような大規模な農業法人ならまだしも、小規模な農家では、年間を通じて人を雇って報酬を払うことはできない。

さらに二〇一八年の西日本豪雨はミカン産地を直撃している。高齢になった農家の中には、今からもう一度やり直すのは無理と、離農を決める人たちもいるだろう。こうやっている間にも、**ミカンがいくらでも手に入る時代はいずれ終わる**かもしれない。

このように高齢化や人口減少による働き手の減少は、いずれ私たちの暮らしを変えてしまうかもしれないのだ。

影響を受けるのは農作物だけではない。人口が一定規模を下回ると、食料品店なども商売が成り立たず、消えていく。そうするとその地域では不便で暮らせなくなっていく。また、高齢になって介護サービスを受けようとしても、サービス事業者がいない。地域のサービスを支える人もいなくなっているのだ。

水道事業は維持できるか

たとえば、二〇一七〜一八年の冬は厳しくて雪が多く、北陸の人たちは雪かきで大変だったが、八〇代の高齢者が自分で雪かきをしなくてはならないケースも多かった。若い人にボランティアや仕事で頼もうにも、もはやその若い人がおらず、地域の「若手」が六〇代だったりする。人口減で空き家が増えており、雪下ろしができずに重みで家が倒壊したり、寒さで水道管が凍って破裂する。住民のいない空き家を水道局が回って、まず雪かきをして水道メーターや上水道の閉め口を探し出し、確認しないと水道の復旧もままならない。だが、その水道局員の人数も限られている。

そもそも上水道の維持には一定の利用者数、つまり地域人口が必要である。人口が一定以下になれば、広域で事業を維持するのは難しくなり、いずれは水道管を維持管理できる範囲に住民が固まって住むことも必要になるかもしれない。

水道事業は利用する住民から徴収する水道料金で賄われている。人口が減れば、それだけ一人の住民から高い料金を集めなくてはならない。

国が「自治体戦略二〇四〇構想研究会」で、ある小規模市町村の水道事業の将来について予測している。二〇一七年に人口一・二万人だと、平均的な家族四人の場合、水道料金は月額三九五七円である。それが一万人になると、月額七三三五円になり、〇・八万人になると一万三六六一円になると試算している。

人口が減るということは、**公共サービスを支える費用が、それだけ少なくなった一人ひとりに大きな負担となってかかってくる**のだ。

九〇歳はめでたくない？　いまや約二一九万人

表1−1で見たように、いずれ日本は高齢化率約四割の国になる。そして、**今後の高齢化は、単なる高齢化ではない**のである。

表1-2　将来推計人口に見る高齢者人口とその割合の推移

年	総人口	65～74歳	75歳以上	うち90歳以上	うち100歳以上
2015	1億2701万	1755万	1632万	179万	6万
		13.8%	12.8%	1.4%	—
2018	1億2618万	1761万	1800万	221万	7万
		14.0%	14.3%	1.7%	0.1%
2025	1億2254万	1497万	2180万	312万	13万
		12.2%	17.8%	2.5%	0.1%
2035	1億1522万	1522万	2260万	425万	26万
		13.2%	19.6%	3.7%	0.2%
2045	1億0642万	1643万	2277万	529万	38万
		15.4%	21.4%	5.0%	0.4%
2055	9744万	1258万	2446万	507万	49万
		12.9%	25.1%	5.2%	0.5%

資料：国立社会保障・人口問題研究所（2017）「日本の将来推計人口（平成29年推計）」

二〇一六年、大正一二年（一九二三）生まれの佐藤愛子の『九十歳。何がめでたい』という本が大変なヒットになったが、今後は「後期高齢者」と言われる七五歳以上の高齢者が激増するのだ。**表1―2**は、二〇一五年の国勢調査の年から今後どのように高齢者人口が増えていくかをまとめたものだ。

二〇一五年には六五歳以上の高齢者は総人口の二六・六%を占めており、さらに九〇歳以上が一七九万人（総人口の一・四%）いた。

初めて九〇歳以上が二〇〇万人を超えたのは、二〇一七年だったが、**二〇一八年の敬老の日にあわせて総務省が発表した統計によると、九〇歳以上が約二一九万人**である。さらに、一〇〇歳以上の高齢者は約七万人であった。

二〇一八年の日本の高齢化率は二八・一%と、

世界最高比率である。

実は表からわかるように、二〇一八年に六五〜七四歳までの前期高齢者の人数（約一七六一万人）を、七五歳以上の後期高齢者の人数（約一八〇〇万人）が上回り出す。

二〇二五年には、団塊の世代が全員、七五歳以上、つまり後期高齢者となる。前期高齢者（六五〜七四歳）は一四九七万人だが、後期高齢者（七五歳以上）が二一八〇万人と、総人口の一七・八％を占めることになる。しかもこの二〇二五年には、一〇〇歳以上の人口も一三万人になると予測されている。二〇四五年には高齢化率は三六・八％だが、その時には後期高齢者は約二二七七万人おり、**国民の五人に一人強が七五歳以上、そのうえ一〇〇歳以上は三八万人となる。**

高齢者四割社会は未体験ゾーン

前期高齢者と後期高齢者の状況は大きく異なる。**六〇歳代の高齢者には元気で働いている人も多いが、七五歳を超えると体も衰え出し、要介護比率や医療の必要性もぐっと上がる。**「日常生活が制限されることなく生活できる健康な期間」である健康寿命と、いわゆる寿命の間には差があり、日常生活に制限が出て、医療や介護の必要度が上がる不健康な期間は、男性で約九年、女性で一二年あるとされている。

要介護の認定率を見ると、前期高齢者では三％だが、後期高齢者全体では、二割強に上がる。

八五歳以上だと約五割、九〇歳以上だと約七割である。

今後、日本が高齢化率約四割になる時には、山登りをしたり卓球を楽しむ、元気な高齢者が増えるのではない。**医療や介護などの支援が必要な後期高齢者が激増する**ということなのだ。それに伴って医療費も介護費用も増す。

高齢者がそれだけ増えるということは、日本が医療や栄養状態もよく、長寿の国になっているという、めでたいことでもある。しかし高齢者を支える現役の世代は、減少するばかりなのだ。しかも**高齢化率四割というのは、世界のどの国も経験したことのない、未知の世界**である。

すでに地方では急速な人口減少が始まっている

人口減少と高齢化の進み方は地域によってまちまちだ。二〇一〇年から一五年の五年間で最も人口減少率が高いのは、秋田県のマイナス五・八％(約六・三万人減)、福島県のマイナス五・七％(約一一・五万人減)、青森県のマイナス四・七％(約六・五万人減)である。四七都道府県のうち人口が減少しているのは三九道府県、逆に八都県は人口が増えている。増えているのは、埼玉県、千葉県、東京都、神奈川県、愛知県、滋賀県、福岡県、沖縄県で、中でもいちばん人口が増えているのは東京都の二・七％増で、三五・六万人の増加である。

人口減少がニュースや本で話題にされているにもかかわらず、まだ強い危機感を持つ人が少ないのは、このように首都圏では、地方からの流入によって人口が増えていることがある。首都圏の電車も道路も、相変わらず混雑しているから、人口が減少していると言われても実感できないのが実情だろう。だが、**都会の人間が気づかない間に、地方の周辺部から急速に、人々が消えつつある**のだ。

だが、いずれは都市も人口減少を免れない。二〇一八年三月に国立社会保障・人口問題研究所から、今後の県別の推計人口が出されている。

表1‐3は、各県の二〇一五年から四〇年にかけての人口減少率をまとめたものだ。実は人口減少率の大きな県から並べてあるのだが、三つの数値が載っており、二〇一五年を基準にして、二〇四〇年の①各都道府県の総人口減少率、②各都道府県の一五～六四歳の生産年齢人口の減少率、③高齢化率である。

ちなみに全国で見ると、二〇四〇年時点の二〇一五年からの総人口の減少はマイナス一一・七％、一五～六四歳の生産年齢人口の減少はマイナス二一・七％、そして二〇四〇年の高齢化率は三五・三％である。

それでは人口減少率が最も大きい秋田県はどうだろうか。**二〇四〇年に秋田県は、二〇一五年から三四・三％も人口が減る。**つまり、二〇一五年から二五年間で人口は三分の二になる計算だ。二〇一五年に一〇二・三万人であった県民人口が、四〇年には六七・三万人になると予測されてい

表 1-3 都道府県別の 2015 年から 40 年にかけての人口減少率
（総人口，15～64 歳の生産年齢人口）と高齢化率

（%）

	①総人口減少率	②生産年齢人口の減少率	③2040 年の高齢化率		①総人口減少率	②生産年齢人口の減少率	③2040 年の高齢化率
秋田県	−34.3	−47.1	47.5	鳥取県	−17.7	−26.8	37.4
青森県	−30.5	−44.0	44.4	宮城県	−17.2	−30.2	37.9
高知県	−26.3	−34.9	41.2	三重県	−17.2	−26.9	36.9
山形県	−25.8	−36.2	41.0	群馬県	−17.0	−27.6	37.7
福島県	−25.5	−39.2	42.2	栃木県	−16.6	−27.0	35.7
岩手県	−25.1	−36.2	41.2	香川県	−16.6	−24.3	37.0
徳島県	−24.0	−33.7	40.1	静岡県	−16.4	−27.1	37.5
和歌山県	−23.8	−32.6	38.9	佐賀県	−16.3	−25.9	35.8
長崎県	−23.5	−34.4	39.6	熊本県	−15.4	−24.9	36.2
山梨県	−23.1	−36.8	41.4	京都府	−14.3	−23.7	36.1
鹿児島県	−22.1	−33.4	39.4	兵庫県	−14.3	−25.6	37.3
愛媛県	−22.0	−31.8	40.0	石川県	−14.2	−23.1	35.9
奈良県	−21.8	−33.8	39.7	大阪府	−13.5	−22.7	34.7
山口県	−21.7	−28.7	38.6	全国	−12.7	−22.7	35.3
新潟県	−21.2	−31.5	39.2	岡山県	−12.5	−19.7	34.9
宮崎県	−20.6	−31.2	38.7	広島県	−11.4	−19.3	34.1
北海道	−20.5	−33.2	40.9	千葉県	−9.3	−19.8	35.0
島根県	−19.6	−26.7	38.5	福岡県	−7.8	−17.6	33.7
富山県	−19.0	−27.5	38.8	滋賀県	−7.7	−17.8	32.7
岐阜県	−19.0	−28.6	37.3	埼玉県	−7.5	−18.6	34.2
長野県	−18.8	−29.4	40.0	神奈川県	−6.4	−18.0	33.6
大分県	−18.8	−27.6	38.1	愛知県	−5.5	−14.5	31.6
茨城県	−18.5	−30.6	38.2	沖縄県	1.3	−12.3	30.0
福井県	−17.7	−27.1	37.2	東京都	1.8	−6.7	29.0

資料：国立社会保障・人口問題研究所（2018）「日本の地域別将来推計人口（平成 30 年推計）」より筆者試算

る。次いで青森県も三割減、高知県、山形県、福島県、岩手県などが二五％以上減で続く。一方、二〇四〇年時点でも、東京都と沖縄県は二〇一五年比で一〇〇を上回っており、まだ人口は減っていない。

生産年齢人口は激減していく

だが、もう一つ注意して見ていただきたいのが、二列目の各都道府県の一五〜六四歳の人口の減少率である。たとえば全国では一五〜六四歳の生産年齢人口は二〇一五年に比して四〇年には約二三％の減少である。逆に言えば、**生産年齢人口は四分の三になってしまう**のだ。**総人口の減少より生産年齢人口の方が速いスピードで減っていく**。つまり、今まだしばらく日本の人口減少がゆっくりなのは、高齢者が長生きしているからであり、その後、二〇三〇年頃からは団塊の世代が亡くなり始めるため、人口減少はスピードを速めていくことになる。

それでは秋田県はどうなっていくだろうか？　二〇四〇年の秋田県の生産年齢人口の減少率はマイナス四七・一％と、約半分になってしまう。青森県も同じくマイナス四四・〇％、次いで高知県はマイナス三四・九％である。若い世代が減少するのは、沖縄県と東京都も同じである。総人口は増えているものの、生産年齢人口は沖縄県でマイナス一二・三％、東京都でマイナス六・七％である。

現役人口の減少は、税や社会保障の支え手を減らすだけでなく、消費も減らし、地域の経済に大きな影響を与える。もちろんこのマイナスの影響は日本全国に及ぶが、都道府県単位で見ると、地域によってはより深刻な状況に陥ってしまうことがわかるだろう。

二〇四〇年、三人に一人が七五歳以上になる秋田県

日本の総人口減少を上回る速度で現役人口が減っているということは、つまり、高齢者が人口全体に占める割合が増加していくわけだ。全国で見ると、二〇四〇年に六五歳以上人口の占める割合、つまり高齢化率は三五・三%となる。

では、県別に見るとどうなるだろうか。

二〇一五年時点で高齢化率が三〇%を超えているのは、青森県をはじめとして富山県、長野県、山口県など一三県あった。この後、現役人口の減少率の高い県ほど、高齢化率の高い県となっていく。

たとえば、二〇三〇年に秋田県の高齢化率は四三%と、日本で唯一つ四〇%を超える県となる。簡単に言うと、二〇三〇年に秋田県の一〇人を取り上げると、六五歳以上の高齢者が四人、一五～六四歳の現役人口が五人、一四歳以下の年少人口が一人、ということになる。**二〇四〇年にはついに秋田県の高齢化率は四七・五%となる。実に県民の約半分が六五歳以上であり、三人に一**

人が七五歳以上となる。

表1-3からわかるように、二〇四〇年の高齢化率は、秋田県の四七・五%を筆頭に、北海道、青森県、岩手県、山形県など一一道県で四〇%を超える。人口減少の中で急速な高齢化が進めば、公共サービスを維持するためにも、人々はある程度固まって住まなくては、生活そのものが維持できなくなっていくだろう。雪が降る地域では、道を除雪する予算にも限りがあるだけでなく、その時には除雪車の運転手も少なくなっていると考えられる。それは郡部などの周辺市町村の廃村にもつながる可能性がある。

出生数ゼロ地域の出現

都会の人間が人口減少は他人事だと考えている間に、地方では人口減少が進み、すでに子どもが生まれない地域、つまり出生数ゼロの自治体も出現してきている。

まずは二〇一五年の国勢調査を見てみよう。福島県の避難地域などになっている町村を除くと、たとえば〇歳児が〇人の村には上北山村(奈良県・総人口五一二人)と黒滝村(奈良県・同六六〇人)がある。この村は厚生労働省の「人口動態調査」によると、残念ながら二〇一六年の出生数はゼロであった。しかし二〇一七年にはそれぞれ二人と四人が生まれている。また、〇歳児一人の地域は、王滝村(長野県・同八三九人)、南牧村(群馬県・同一九七九人)だったが、その後、二〇一六年には王滝村では四人、南牧村では三人が生まれ、二〇一七年には同順で三人と二人が生まれている。

高知県大川村は、高齢化が進み、議員になる人がいないからと、議会を廃止して、全有権者で構成する町村総会の設置を提案した。大川村の人口は約四〇〇人で、離島を除けば最も人口の少ない村である。二〇一五年時点では〇歳児が四人いたが、一六年と一七年の出生人数は一人ずつだった。大川村の高齢化率はすでに四三％である。村の悲願は人口四〇〇人の維持だが、今後はどうなるかわからない。

無子高齢化は「今ここにある危機」

そして、高齢化の急速な進展は、都会の人間にとっても他人事ではないのである。

実は、かつて高度成長期にニュータウンとして開発された地域の高齢化も激しい。二〇一五年の国勢調査を見ると、東京都の多摩ニュータウンの高齢化率は二一％である。だがその中でも最も古い永山四丁目には約三二〇〇人が暮らしているが、高齢化率は四二％だという（『朝日新聞』二〇一七年一二月三日）。同じように、全国の大規模なニュータウンの状況を見てみると、兵庫県にある明石舞子団地には住民が約二万人いるが、高齢化率は四一・一％である。しかも**世帯全体の約四分の一は高齢者の単身世帯**だ。大阪の万博時代に開発された千里ニュータウンも、人口は一〇万人近いが、高齢化率はすでに三〇・六％となっており、そのうち高齢単身世帯は世帯全体の一六・九％を占める。

少子高齢化、いや**無子高齢化は、静かに都会の近くでも起こっている「今ここにある危機」**なのだ。そしてそれは、日本のすべての地域の未来の姿でもある。

大川村やニュータウンのようなところで、人々が安心して暮らしていける仕組みを構築できるかどうかは、私たちの未来の暮らしがどうなるかの試金石でもある。

第2章

なぜこんなにも少子化が進むのか

なぜ少子化が進んでいるのか——直接的な三つの要因

それにしても、なぜこれほどまで日本で少子化が進んでいるのだろうか。

簡単にまとめると、日本の少子化の直接的な要因は三つあると言われている。

①結婚しない人が増えている＝**未婚化の進展**

②結婚年齢が上がる（晩婚化が進む）につれて、出産年齢も上がる＝**晩産化の進展**

③結婚した夫婦でも平均して産む子どもの数が減っている＝**夫婦の平均出生児数の減少**

である。

分水嶺は団塊ジュニアの未婚化

日本において、まず**少子化の大きな要因は、未婚化の進展、つまり結婚しない人が増えていることだ**。日本は、先進諸国の中では婚外子の出生は非常に少なく、二〇一六年の出生を見ると、婚姻外で生まれた子どもは全体の約二・三％、約二・二万人にすぎない。

つまり、**日本ではまず結婚しないことには子どもが生まれないのだが、結婚する人それ自体が減っているのだ。図2－1**は男女の年代別の未婚率（人口に占める未婚者の割合）の推移をまとめた

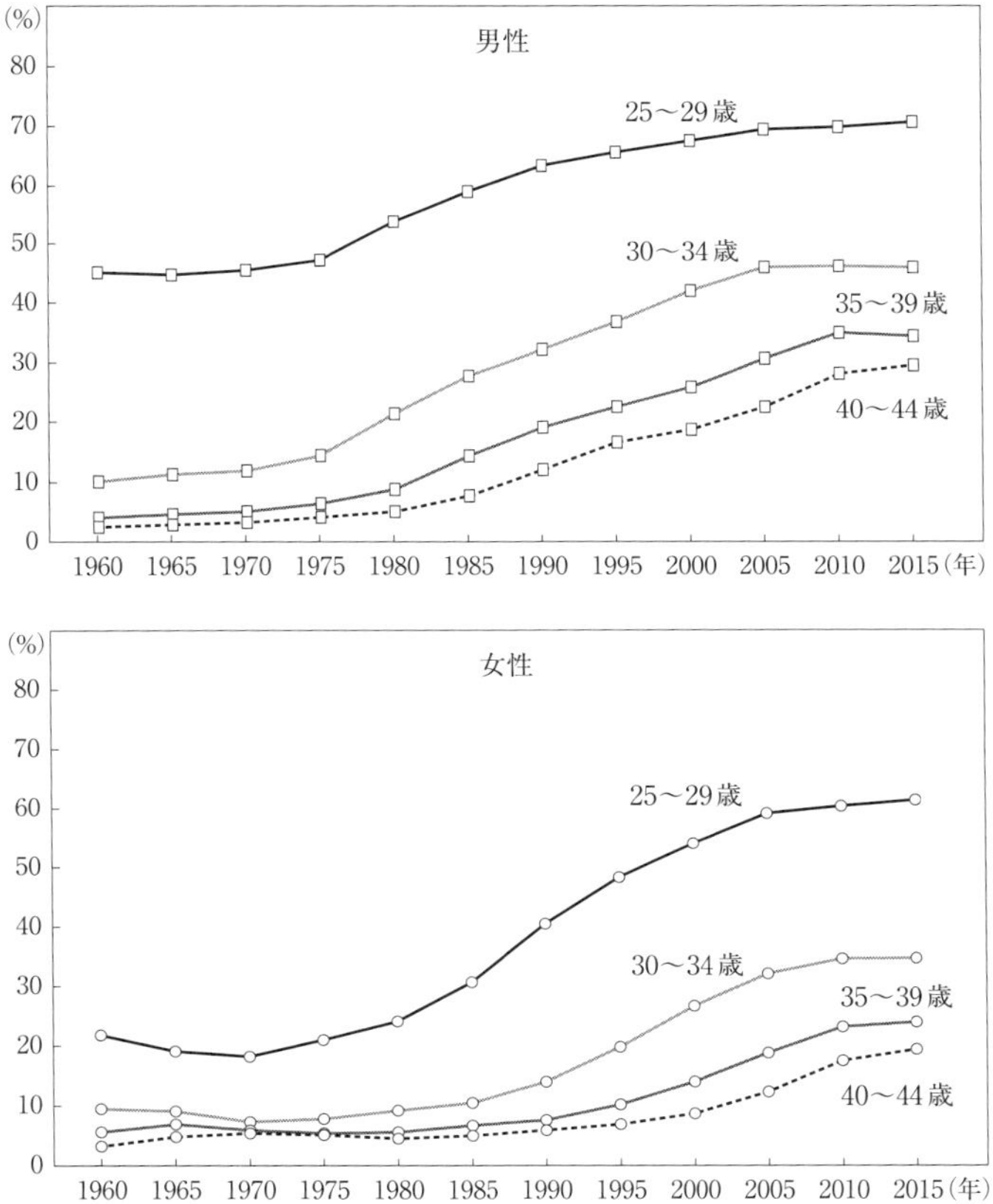

注：1960～70 年は沖縄県を含まない
資料：総務省統計局「国勢調査」

図 2-1　年齢別未婚率の推移

ものだ。未婚率は男女ともに上がっているが、出生に関してカギとなる女性の未婚率を詳しく見てみよう。

二五〜二九歳を見ると、一九六〇年の未婚率は二一・七％、つまり五人に四人は二〇代後半には結婚していたわけだ。三五〜三九歳の女性の未婚率は五・五％と、ほとんどの女性は結婚していたのである。

それが二〇一五年になると、二五〜二九歳の未婚率は六一・三％。二〇代後半で結婚している人は四〇％弱という少数派である。さらに、三〇〜三四歳では三四・六％、三五〜三九歳では二三・九％と、三〇代前半では三人に一人が未婚、三〇代後半でも四人に一人が未婚ということになる。

第1章でも述べたように、**近年では最も子どもを産んでいるのは三〇代前半の女性なのだが、その三割強が結婚していないのだ。**生まれる子どもの人数が減るのも当然だろう。

世代による未婚率の違いを見るために、団塊世代とその子どもにあたる団塊ジュニアの世代の各年代の未婚率を比較してみよう（表

表 2–1　団塊世代と団塊ジュニア世代との未婚率の比較

（%）

男性（歳）	団塊世代	団塊ジュニア	女性（歳）	団塊世代	団塊ジュニア
25〜29	48.3	69.4	25〜29	20.9	54.0
30〜34	21.5	47.1	30〜34	9.1	32.0
35〜39	14.2	35.6	35〜39	6.6	23.1
40〜44	11.8	30.0	40〜44	5.8	19.3

注：団塊世代の欄には 1946〜50 年生まれ，団塊ジュニア世代の欄には 1971〜75 年生まれの者の未婚率を記載している
資料：総務省統計局「国勢調査」

2―1）。

男性の場合、二〇代後半では団塊世代の未婚率は四八・三％だったが、ジュニア世代は六九・四％と、未婚率は約二〇％上がっている。三〇代前半では、団塊世代は二一・五％、ジュニア世代では四七・一％、四〇代前半になると、団塊世代では一一・八％だったが、ジュニア世代は三〇・〇％である。

次に女性の場合を比較してみよう。二〇代後半では、団塊世代で二〇・九％だった未婚率が、ジュニア世代は五四・〇％と、三〇％以上上がっている。同じく、三〇代前半では団塊九・一％、ジュニア三二・〇％、三〇代後半では団塊六・六％、ジュニア二三・一％となっている。

つまり、**団塊世代の女性は、三〇代前半ではほとんど結婚していたのだが、ジュニア世代では三分の一が未婚**である。四〇代前半では、団塊世代は五・八％だったが、ジュニア世代は一九・三％と、約五人に一人は未婚である。

団塊ジュニアは第二次ベビーブームの当事者であり、各年齢で女性が一〇〇万人を超えている最後の世代である。この世代が三〇代になる二〇〇〇年代には、かれらが出産することで第三次ベビーブームが起こるだろうと予測されていた。実はこの安易な期待こそ、少子化への取り組みが遅れた要因の一つだった。いま見てきたように、**未婚率の上昇によって第三次ベビーブームは起こらず、日本の少子化はとどまることなく進んだ**のである。

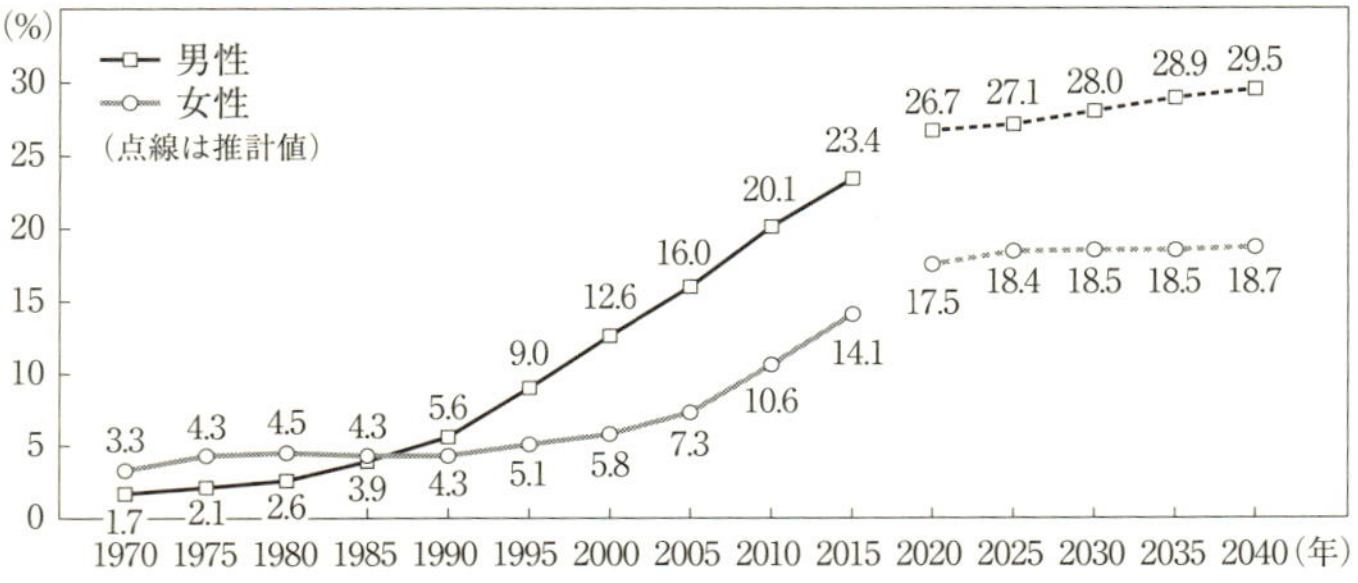

注：45〜49 歳の未婚率と 50〜54 歳の未婚率の平均である
資料：1970 年から 2015 年までは各年の国勢調査に基づく実績値（国立社会保障・人口問題研究所「人口統計資料集」）
2020 年以降は推計値（「日本の世帯数の将来推計（全国推計・2018 年推計）」を基に内閣府作成）であり，2015 年の国勢調査を基に推計を行ったもの

図 2-2　生涯未婚率の男女別推移と今後の推計

一生結婚しない人たち　生涯未婚率の上昇

　このように、どの年代でも未婚の人が増えているため、結局、一生結婚しない人も増えている。五〇歳時点で一回も結婚したことのない人の比率を、生涯未婚率という（実際には四五〜四九歳の未婚率と五〇〜五四歳の未婚率の平均をとる）。もちろん五〇代以降の初婚もあるが、実数としてはきわめて少ない。

　生涯未婚率は、一九七〇年に男性一・七％、女性三・三％と、この時代には、ほとんどの人が結婚していたのである（**図2-2**）。女性の未婚率が男性より高いのは、たとえば一九七〇年に五〇歳になった女性は一九二〇年生まれで、終戦時には二五歳であり、戦死により結婚相手となる若い男性が少なかったからである。

　年代を経るにつれて生涯未婚率は男女ともに上昇し、二〇一五年時点では男性で二三・四％、女性で一四・

一％である。この後も生涯未婚率は上がるとされており、二〇四〇年には男性で二九・五％、女性一八・七％になると予測されている。

ちなみに、国勢調査では、二〇一五年時点で五〇歳男性の二二・七％が未婚、〇・六％が死別、六・五％が離別者であり、計二九・八％が単身者と考えられる。五〇歳女性では、一三・六％が未婚、一・九％が死別、一〇・四％が離別と、計二五・九％となる。

すでに**二〇一五年時点で、五〇歳の男性は約三人に一人、女性の約四人に一人が単身**なのだ。未婚者が増えているだけでなく、たとえ結婚しても離婚や死別でいずれは一人になることは避けられない。寿命が延びる分、「おひとり様」が急速に増えていく。

これまで日本社会の仕組みは、家族がいることがほとんど前提になっていた。入院の保証人や手術の同意書なども家族に書いてもらう必要がある。ところが現実には、もはやその家族がいない時代がすでに来ているのだ。要介護状態、認知症や病気になった時に、「おひとり様」が一人のまま、物事を決定し人生を過ごすことを支える仕組みが必要なのだ。

晩婚化・晩産化はどんどん進む

さらに晩婚化、つまり、結婚する時期が遅くなっていることがある。今や結婚適齢期という言葉は死語になった。どんな年齢でも、その人が結婚したい・しようと考えた時が、その人にとっ

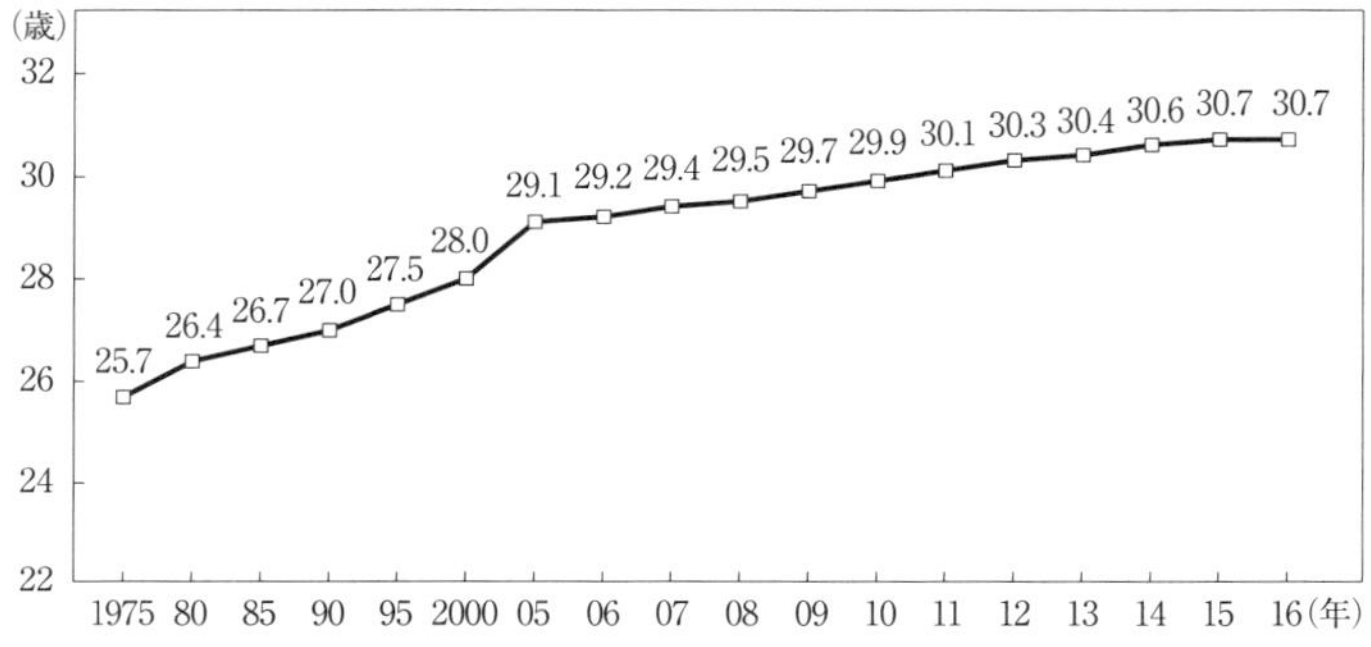

資料：厚生労働省「人口動態調査」

図 2–3 第 1 子出生時の母の平均年齢

ての結婚適齢期である。

一九七五〜二〇一六年の男女の平均初婚年齢の推移を調査したところ、女性の平均初婚年齢は、一九七五年には二四・七歳（男性は二七・〇歳）だったが、その後は上がり続け、八〇年には二五・二歳、二〇〇〇年には二七・〇歳、一〇年には二八・八歳となっている。二〇一四年に二九・四歳（男性は三一・一歳）となったが、一五、一六年ともに同じ年齢となっており、晩婚化の動きが止まったと言われているが今後どうなるかはわからない。

一方、結婚はいくつになってもできるが、妊娠はそういうわけにはいかない。女性の妊娠する力は三〇代の終わり頃から落ち始め、その後年齢を重ねるにつれ妊娠しにくくなることが、データから医学的に立証されている。先に述べたように、日本では婚外子の出生はきわめて少ないので、結婚する時期が遅くなれば、必然的に出産も遅くなるのである。

一九七五年の平均初産年齢（女性が第一子を産む年齢の平均）は二五・七歳であった。二〇〇〇年には二八・〇歳、そして一一年には三〇・一歳と初めて三〇歳を超え、一六年は三〇・七歳である（図2−3）。**かつては二〇代後半の方が三〇代前半より出生子ども数が多かったが、それが逆転したのは二〇〇三年から**である。

もちろん、最近では四〇代で初産という人も珍しくない。一九九五年に女性が四〇代前半で産んだ子どもは一万二四二七人だったが、二〇一〇年には三万四六〇九人、一六年には五万三四七四人となっている。しかも四割弱が第一子、つまり**四〇代の初産が増加しているの**だ。

二九歳で結婚すれば、妊娠する力が弱まり始めるとされる三九歳までには一一年あるが、三五歳で結婚して、四〇代に入るまでに産み終えようとすれば五年しかないことになる。二人以上の子を産むためには、かなり計画的に考える必要があるだろう。

妊娠可能な時期に配偶者がいる期間が短くなれば、当然生まれる子どもの数は少なくなる。実際に国立社会保障・人口問題研究所の二〇一五年の調査（「第一五回出生動向基本調査」）によると、妻の結婚年齢が高いほど、子どもの数は少なくなる傾向が確認されている。

ワンオペ育児とダブルケア

珍しくなったとは言え、晩産化、特に四〇代の出産は、いくつかの課題をもたらす可能性がある。勤め人の場合は「定年までに子どもが育て上がらない」という経済的な負担もある。

さらに親が年齢を重ねているということは、親の両親、つまり子どもの祖父母もそれだけ高齢であり、育児の助けを頼むのも難しくなっていく。先の「第一五回出生動向基本調査」によれば、祖父母の助けや保育園、子育て支援施設など、さまざまな外部からの育児支援がある人ほど、平均出生児数が多い。ワンオペ育児はあまりに母親への負担が大きいのである。

実際、**子育て中の母親の半数は祖父母からの支援を受けており、祖父母は重要な育児支援の資源なのだ。日本社会ではまだまだ子育て支援事業の展開が不十分である**ことが見えてくる。祖父母からの子育ての助けを受けにくい、というのは現実的に子育ての援助者がそれだけいないということになる。

それどころか、祖父母も高齢となっているため、子育てに加え、祖父母のケアも背負うというダブルケアに陥る可能性もある。

筆者は、まだ小さい子どもを育てている四〇代の専業主婦にインタビューしたことがある。彼女は夫から「四〇代になってから生まれた子どもの学費を賄い、家も買うのは、一人の稼ぎでは定年まで時間がなさすぎて無理。万が一親が倒れたら、働いていないママが介護を担わされる。親が元気な間に一日も早く再就職して家計を助けて」と言われていた。

実際に**晩婚化と晩産化の進展で、育児の真っ最中に祖父母の介護が始まる人も増えている。**

最近では内閣府が就学前児童の育児と高齢者の介護の両方を担うダブルケアの人の数を算出しており、男性では八万五四〇〇人、女性では一六万七五〇〇人いると試算されている。男女合わせると、育児をしている人の約四〇人に一人がダブルケアを担っていることになる。

しかも女性の平均年齢を見ると、育児だけしている人の平均年齢は三五・一歳だが、介護と育児を両方担っている人は三八・九歳と、ダブルケアを背負っている人の方が平均年齢が高い。**子育て期に親の介護まで担うことになれば、子どもをより多く持ちたいと考えていても、さらに難しくなる**だろう。

夫婦の平均子ども数の低下

さらに近年、危惧されているのが、**結婚していても生まれる子どもの数が減っていること**だ。これまでは、少子化の要因は未婚化であり、結婚さえすれば子どもは生まれる、と考えられていた。長く夫婦から生まれる子どもの平均人数が二を上回っていたからだ。しかし、最近では結婚した夫婦から生まれる子どもの数も減っている。

結婚持続期間一五～一九年の夫婦の子どもの人数の分布の推移を見てみよう。この時点の夫婦のほとんどは子どもを産み終えていると考えられ、夫婦の最終的な子ども数だと見なされている。一九九二年には二・二一、二〇〇二年には二・二三だったのだが、〇五年には二・〇九、そして一

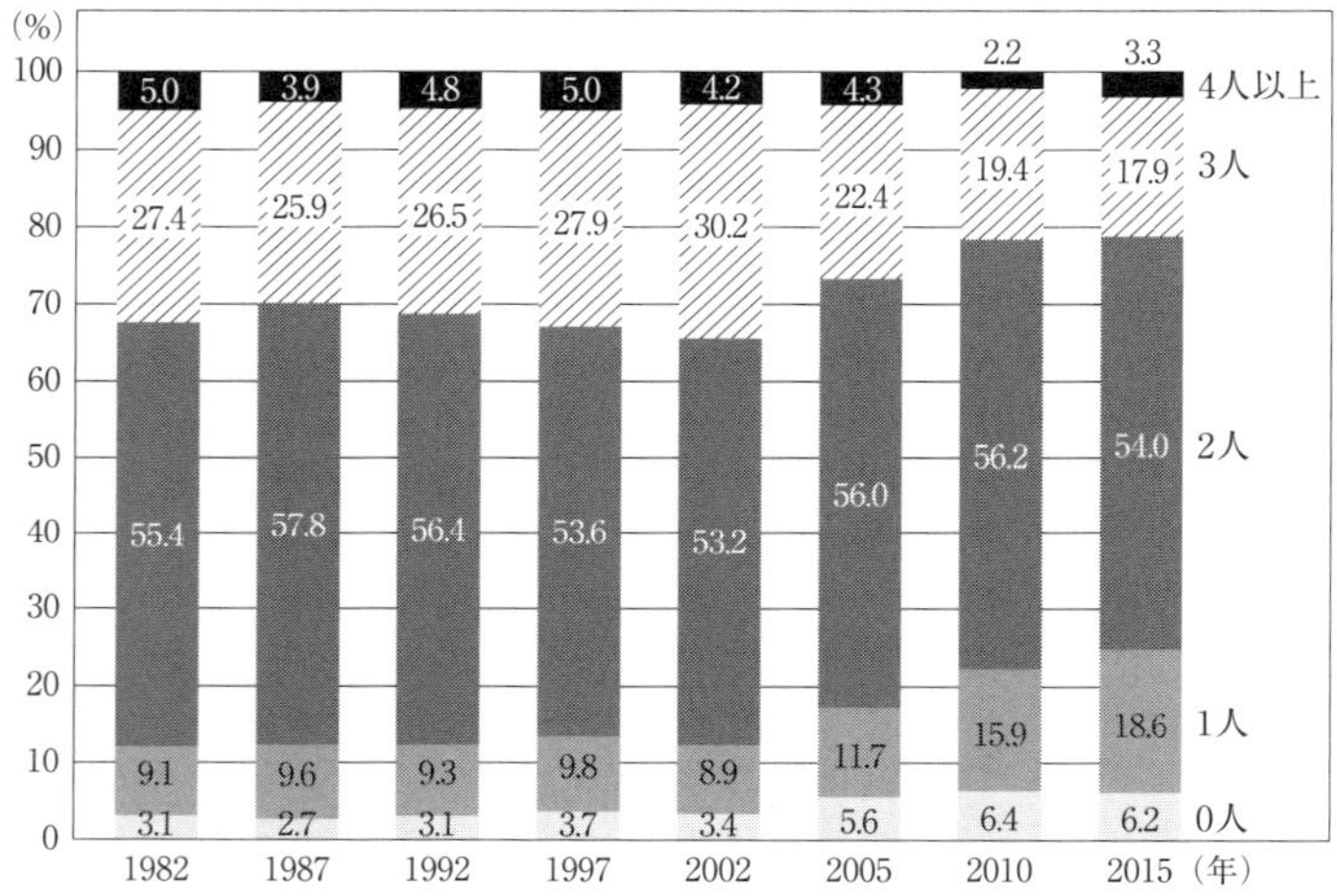

資料：国立社会保障・人口問題研究所(2017)「第15回出生動向基本調査」

図2-4 結婚持続期間15〜19年の夫婦の子ども数の分布の推移

〇年には一・九六、一五年は一・九四と、二を下回るようになっている。

一九八二年には、子ども一人は一割弱、二人は五割強、三人が三割弱で、平均子ども数は二・二三であった。その分布は二〇〇二年まではほとんど変わらなかったのだが、**二〇〇五年から子ども〇人や一人という夫婦が増え始めるとともに、子ども三人の夫婦が減っている。**二〇一五年時点では、〇人が六・二%、一人が一八・六%、二人が五四・〇%、三人が一七・九%となり、**夫婦の平均こども数は一・九四**になった(図2−4)。

将来的には、この一・九四もさらに低下するのではないかという予測もある。子どもを産む途中過程と考えられる、結婚五〜九年を経た夫婦の出生児数が、かつてより減ってき

表 2-2　未婚者の生涯の結婚意思

（%）

		1987	1992	1997	2002	2005	2010	2015
男性	いずれ結婚するつもり	91.8	90.0	85.9	87.0	87.0	86.3	85.7
	一生結婚するつもりはない	4.5	4.9	6.3	5.4	7.1	9.4	12.0
	不詳	3.7	5.1	7.8	7.7	5.9	4.3	2.3
女性	いずれ結婚するつもり	92.9	90.2	89.1	88.3	90.0	89.4	89.3
	一生結婚するつもりはない	4.6	5.2	4.9	5.0	5.6	6.8	8.0
	不詳	2.5	4.6	6.0	6.7	4.3	3.8	2.7

資料：国立社会保障・人口問題研究所（2017）「第 15 回出生動向基本調査」

ているからだ。

いずれは結婚したいけれど……

では、なぜ未婚化が進んでいるのだろうか。

若い世代は結婚に興味がないのだろうか。同じく二〇一五年調査実施の「第一五回出生動向基本調査」によれば、「いずれ結婚するつもり」は男性で八五・七％、女性で八九・三％であり、九割近い人には結婚する意思があることがわかる（表2-2）。だが、一九八七年には「一生結婚するつもりはない」は男性四・五％、女性四・六％だったのに対し、二〇一五年には男性一二・〇％、女性八・〇％となっている。**大多数の人には結婚する意思はあるものの、結婚する意思のない者が少しずつ増えているの**だ。もちろん、今は「結婚するつもりはない」場合でも、好きな人ができればどうなるかわからないし、「いずれ結婚するつもり」でも、相手が見つからなければ結婚しないかもしれない。

それでは若者の交際状況はどうなっているのか、未婚者に交際相

表 2–3　未婚者の異性との交際の状況

（%）

		1987	1992	1997	2002	2005	2010	2015
男性	交際している異性はいない	48.6	47.3	49.8	52.8	52.2	61.4	69.8
	交際を望んでいる	—	—	—	—	—	32.6	31.9
	とくに異性との交際を望んでいない	—	—	—	—	—	27.6	30.2
女性	交際している異性はいない	39.5	38.9	41.9	40.3	44.7	49.5	59.1
	交際を望んでいる	—	—	—	—	—	25.7	26.0
	とくに異性との交際を望んでいない	—	—	—	—	—	22.6	25.9

資料：国立社会保障・人口問題研究所（2017）「第 15 回出生動向基本調査」

手がいるかどうかの質問をした結果を見てみよう（表2–3）。

最近目立つのが、**異性の交際相手を持たない未婚者の増加**である。一九八七年には「交際している異性はいない」者は、男性で四八・六%、女性で三九・五%であった。この比率は一九九七年から上がり出し、特に近年大きく増えている。

二〇一五年時点で、交際している異性がいない男性はなんと六九・八%だ。さらに、男性全体の三一・九%は「交際を望んでいる」が、三〇・二%は「とくに異性との交際を望んでいない」。つまり、**未婚男性全体の三割は「異性の交際相手はおらず」かつ「交際を望んでいない」**ということになる。

女性の場合は「交際している異性がいない」者は五九・一%、全体の二六・〇%は交際を望んでいるが、二五・九%は「とくに異性との交際を望んでいない」という結果になっている。つまり、**男女ともに九割近い人が「いずれは結婚するつもり」であるのに、最近では未婚男性の約三人に一人、未婚女性の四人に一人が異性と交際したいとは考えていないのだ**。

コミュニケーション能力と経済力が必要

なぜ交際相手がいないのだろうか？　これに関しては、二〇代を対象にインターネットを使って調査した分析がある（中村真由美・佐藤博樹「なぜ恋人にめぐりあえないのか？」）。

恋人がいる確率が高いのは、男性の場合、収入の高い人や職場に異性が大勢いる人、友達付き合いの頻度の多い人、パートより正規の人であることが確認されている。

一方、経済的にアドバンテージがあると考えられていた大企業勤務の専門職に恋人のいない確率が高く、かれらが「異性とのコミュニケーション」について悩んでいることもわかった。

女性の場合、収入は関係なかったが、正社員に比べパートの人や休日出勤の頻度の多い人は恋人がいる確率が低い。これらの結果から中村・佐藤は、**経済力だけでなく、対人関係能力や社会的交際にかけられる時間の有無が、恋人がいるかどうかの大きな要因になっている**可能性を示している。

一方、二五〜二九歳で見ると、男性の約二割、女性の約一割が「現在交際相手がいない」だけでなく、「今まで一度も交際経験がない」ことも浮かび上がっている（三輪哲「現代日本の未婚者の群像」）。

この調査では、未婚者が独身でいる理由は、男女ともに「適当な相手がいない」が最も多く、七割を占めている。第二位の理由は「結婚の必要を感じない」で、その次に「経済不安」である。

また、友人のネットワークを通して交際相手や結婚相手を探す活動は、男女ともに収入が高い人ほど活発である。友人を通した人付き合いにもお金がいるからではないか、と三輪は分析している。つまり**交際相手にめぐり会うためには、まめに人付き合いをするコミュニケーション能力と、幅広い社交的活動を展開するお金が必要になる**ということだ。

結婚・出産はぜいたく品?

二〇〇二年一〇月末時点で二〇〜三四歳だった全国の男女を、その後一〇年間かけて継続調査した分析(「二一世紀成年者縦断調査特別報告」)では、雇用状況別に、結婚意欲について調査している。これによれば、男女ともに非正規雇用の場合は正規雇用よりも結婚意欲が低い。無職の場合はさらに結婚意欲が低くなっている。**不安定な雇用で将来の見通しが立たないと、結婚する意欲そのものが低くなる**のだ。

どのような人が結婚しているかを見ると、**男女ともに年収の高い人ほど結婚する確率が高くなっている**のだが、正規社員と非正規雇用者との収入の格差は大きい。

国税庁の「民間給与実態統計調査」から二〇一六年の正規、非正規の給与について見てみよう。一年を通じて勤務した給与所得者の収入を見ると、正規では男性五四〇万円、女性三七三万円、

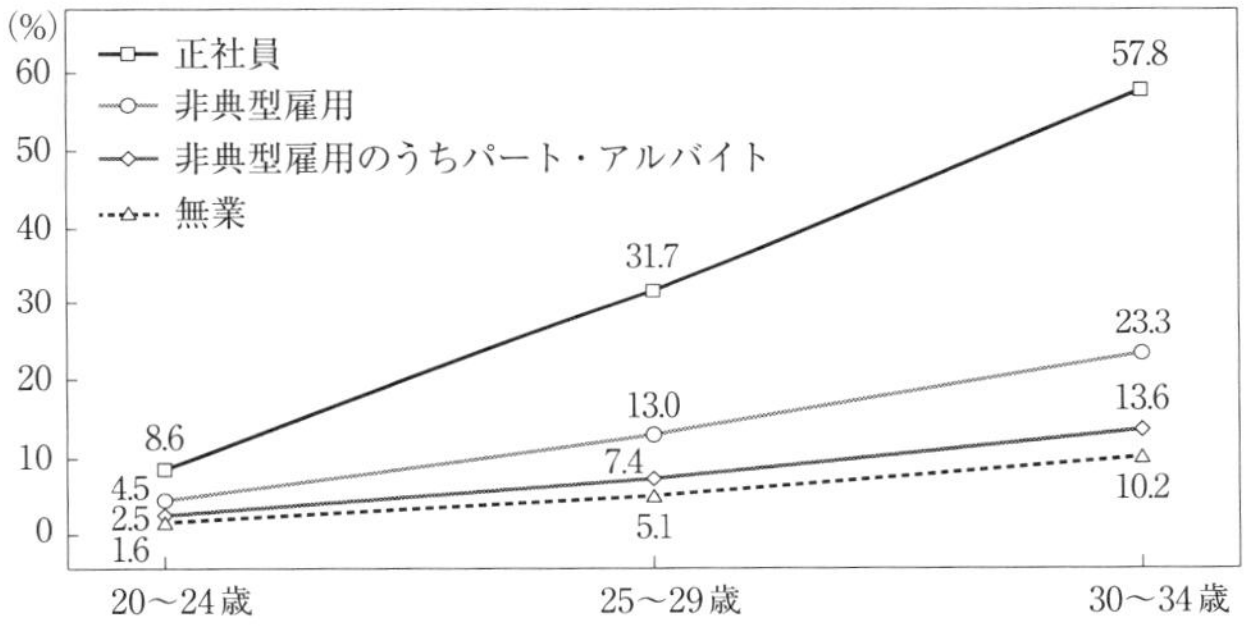

注：就労形態分類は，「若年者の就業状況・キャリア・職業能力開発の現状」における定義による
「非典型雇用」は，「パート，アルバイト，労働者派遣事業所の派遣社員，契約社員・嘱託など，正社員以外の呼称で働いている被雇用者」と定義されている
資料：労働政策研究・研修機構(2014)「若年者の就業状況・キャリア・職業能力開発の現状②――平成24年版「就業構造基本調査」より」

図2-5　就労形態別に見た男性の有配偶者率

非正規では男性二二八万円、女性一四八万円である。そして、男性では配偶者のいる率は、正規雇用に比べて非正規の人は低くなっている。**雇用状況の違いによって、結婚しているかどうかも異なってくる**のだ。

二五〜二九歳の男性の有配偶率は、正社員では三一・七％だが、非正規の場合は一三・〇％である。これが三〇〜三四歳になると、正社員五七・八％、非正規二三・三％と、さらに差が大きくなる。一般に正規雇用に比べ非正規は雇用が不安定で、収入も低い。生活の先の見通しが立たなければ、なかなか結婚には踏み切れないだろう。**結婚したくてもできない、という現状が見えてくる**（図2-5）。

また、実は最近では少し収入増の兆しが見えるものの、若い世代全体で見ると、所得はここ二〇年近く上がっていない。バブル崩壊後、「日本の失われた二〇年」は、若い世代の平均所得が下がり続けてきた時代でもある。相対的に若者の貧困化が進み、若者が人生の展望が描きにくい時期でもあったのだ。

このように、**男女ともに不安定な雇用状況が結婚を難しくするだけでなく、結婚への意欲そのものを失わせていることが調査から明らかになっている。これこそが少子化の大きな問題であるにもかかわらず、若者の非正規化が進んできた**のだ。まさに、**「結婚・出産はぜいたく」で、恵まれた者だけが手に入れられるものになってしまった**のである。

若者の非正規化が未婚化を招く

図2‒6に男女別・年代別に非正規雇用者比率の推移をまとめてみた。

まずは男性から見てみよう。一五〜二四歳(在学者除く)の非正規雇用者比率は二〇〇〇年は一九・七%であったが、二〇〇五年には二九・〇%、二〇一六年には二四・六%となる。一五〜二四歳頃は初めて職に就き、**社会人としての基礎を築く重要な時期だと思われるが、四人に一人が非正規**だということになる。また二五〜三四歳の非正規雇用者比率は、一九九五年にはわずか三・〇%であったが、二〇〇〇年に六・二%となり、一四年には一六・九%、一六年には少し下がったものの一五・八%となっている。

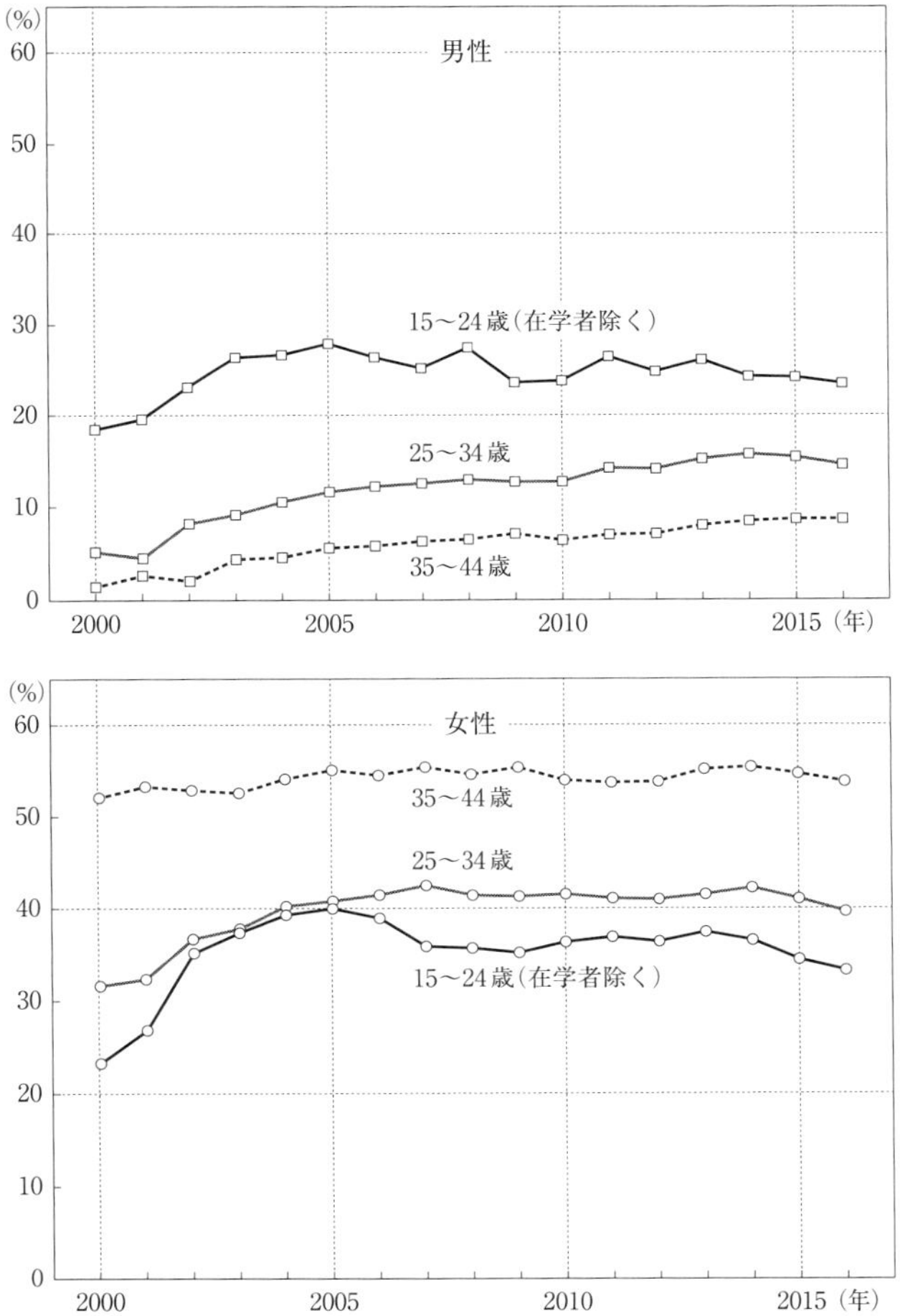

資料：2000・2001年は各年8月の状況(「労働力調査特別集計」より)，その他は「労働力調査詳細集計(年平均)」

図 2-6　男女別各年代の非正規雇用者比率の推移

一五〜二四歳に比べ二五〜三四歳の非正規雇用者比率が低いのは、男性の場合、非正規から正規に転換できる人もいるからだと思われる。それでも**結婚を考え出す年代で、男性の六人に一人は非正規**だということになる。

一方、**女性はさらに非正規雇用者比率が高い**。一五〜二四歳では二〇〇〇年に二三・〇%が、〇五年に四〇・〇%となり、その後下がったが一六年においても三三・一%である。実は就職氷河期と言われた一九九〇年代半ば以降、職業生活のスタートが非正規という若い女性が増えている。

二五〜三四歳では、一九九五年には二七・四%であったが、二〇〇〇年に三一・六%、一六年には三九・五%である。女性の就業率は上がっているが、増えている仕事は非正規だということがわかるだろう。

三五〜四四歳の女性は一九九〇年代でも非正規比率は高く、二〇〇〇年からずっと五〇%を超えている。一昔前は多くは主婦のパートだったろう。一方、**未婚率が上がっている近年は、非正規雇用の未婚女性が増えている**と考えられる。

男女ともに未婚者だと親との同居率が高いため、非正規雇用で収入が低くても貧困の問題は見えにくい。未婚男性では七割強、未婚女性では八割弱が親と同居している。

実は、男女ともに、正規雇用者に比べて、非正規雇用者の方が親との同居率が高い。**非正規では、親元から独立するだけの収入がないのが実情**だろう。

さらに、親と同居している未婚女性が年齢を重ねるにつれ、親の高齢化や、両親のいずれかが亡くなり、ひとり親家庭の増加によって、むしろ未婚女性が親を養い、面倒を見るというように立場が変わる。そうなると、とても一人では暮らしていけないほどの収入しかない**非正規未婚女性は、親子で貧困に陥る可能性が非常に高い**という（江原由美子「見えにくい女性の貧困」）。

非正規雇用の結婚へのハンディは女性にも

女性の場合は結婚や出産をきっかけに退職したり、パートで再就職する人が多いため、有配偶女性の方が未婚女性に比べ、無業率や非正規率が高い。だが、非正規の女性が結婚しやすいかどうかは別問題である。先ほど見たように、非正規雇用の女性は正社員の人に比べて、そもそも結婚意欲が低く、実際に正社員の女性に比べ結婚確率が低い。

日本労働組合総連合会（連合）が二〇一七年に非正規雇用の女性一〇〇〇人（二〇～五九歳）を対象に実施した「非正規雇用で働く女性に関する調査二〇一七」を見てみよう。

これによれば、現在の状態ではなく、学卒後、**最初に就いた仕事が正社員か非正規雇用かで、女性の結婚確率に大きな差があることが判明している。**女性の有配偶率は学卒後の初職が正規雇用だと七〇・九％。非正規だと二六・九％、さらに子どもがいる人の割合も、初職が正規だと五四・一％だが、非正規だと二一・六％にとどまっている。

男性の非正規化や収入の低下が未婚化をもたらしていることは、最近ようやく問題視されるようになったが、「女性は結婚すれば問題は解決する」として、女性の非正規雇用者比率の上昇は問題とは捉えられてこなかった。

しかし、実際には、**女性もコミュニケーション能力や社交的活動をするための自由になるお金の問題が未婚化につながっている。**所得が低ければ、積極的に友達付き合いや交際相手を探すことができないし、非正規と正規の職場が分断されていて出会いがないということもあるだろう。結局、女性でも初職が正規雇用の人の方が結婚もしているし、子どもも産んでいることが明らかである。しかし、女性の非正規化問題の改善は大きく遅れている。

また、**育児休業制度や育児短縮勤務制度など、出産や育児を支える制度の利用は正社員でないと難しいので、非正規同士の夫婦では子どもを産むハードルは高い。**女性の非正規雇用の増大や低収入も、やはり未婚化や少子化の要因になっているのだ。

結婚の形が自由になればいいのか?

それでは日本の少子化を解決するには「未婚の母」など、婚姻外の出産を増やせばいいのだろうか。つまり結婚形態の自由化を進めれば、婚外子も増え出生数が改善するのか考えてみよう。

二〇一四年のOECD諸国の婚外子比率は約四割となっている。国別に見るとドイツが三五・

〇%、スウェーデンが五四・六%、ノルウェー五五・二%、フランスが五六・七%（二〇一二年）である。

しかし気をつけなければいけないのは、婚外子であるからといって**安定しないカップル間で子どもが生まれているのではない**ことだ。フランスではPACS（パックス）、スウェーデンでもサムボという、同棲カップルとしてさまざまな権利を保護する制度がある。**法律婚ではないが、安定したカップルが事実婚として権利を行使できることが婚外子を増やしている**一つの理由でもある。

これらの国では比較的若い時に交際し同棲する比率が高く、互いに理解し合い、一緒に家族を形成することを決めたうえで出産する。そして、子どもを持っても法律婚をするか／しないかの選択肢が保障されているのだ。そのため、フランスやスウェーデンでは二〇代の婚姻率は日本より低いが、同棲を加えると、日本を上回るカップルが形成されている（松田茂樹『少子化論』）。

そして、婚外子の多い国の場合、法律婚は結婚も離婚も日本より手続きが煩雑である。**紙一枚で結婚も離婚（協議離婚）もできる日本の婚姻制度は、むしろPACSやサムボに近い**のだ。日本の結婚制度が結婚を難しくしているわけではない。**問題は、先に見たようにそもそも「交際相手がいない」人の増加にある。**好きな人ができ、一緒に暮らしてこそ、子どももできる。同棲や事実婚を保護しても、一緒に住みたいと思う好きな人・交際している人がいない若者が増えていているのでは現状は変わらないだろう。

少し前になるが、厚生労働省が二〇〇八年の出生を詳しく調べたところ、**第一子の約二五%は“できちゃった婚”**であった。最近では「授かり婚」「ダブルハッピー婚」とも言われているが、結婚より先に妊娠し、それをきっかけに結婚に踏み切る夫婦も増えている。ということは、妊娠しても結婚しない場合は、安定したカップル関係がないと思われる。

二〇一六年の一〇代の出産に占める婚外子比率は約三〇%(三三三四人)だった。そして、この一〇代の母親から生まれた婚外子は、婚外子全体の約一五%を占める。ちなみに、二〇~二四歳の出産に占める婚外子比率は六・四%(五二三六人)である。この一〇代と二〇代前半の母親から生まれた婚外子を合わせると、婚外子全体の約四割になる。

それでは、たとえば一〇代で結婚せずに出産した女性の生活は、その後どうなっているのだろうか。文部科学省が公立高校で実施した調査によると、二〇一五、一六年度に高校が把握した生徒の妊娠は二〇九八人。うち六四二人が妊娠を理由に高校を退学している。高校中退では、その後安定した仕事に就くのも難しく、子育てにも大きな困難を伴うだろう。

しかも日本の場合、**ひとり親の場合の子どもの貧困率は五〇・八%ときわめて高い**。それは特に**ひとり親が母親の場合、非正規の仕事で働く人が多いことが主な要因**である。また男親の場合は収入が多くても、正規雇用では子育てと両立できるような働き方ができず、やむを得ず非正規雇用に転換する人もいる。そのためひとり親が経済的に困窮する確率は高い。

もし、婚姻形態の自由化が「安定したパートナー関係がなくても、女性が一人でも子どもを安心して産み育てられるようにする」ということを意味するのであれば、むしろ**女性の雇用の安定化や子育てと両立できる働き方、収入の確保が大前提**ということになる。

第3章

少子化対策失敗の歴史

——混迷の霧の中を進む日本

人口が増えては困る時代があった
1973 年まで続いた移民送り出し事業
1960 年代からすでに若年人口は減少していた
1969 年には生産年齢人口減が予測されていた
第 2 次ベビーブームの到来と「成長の限界」
1970～90 年代は人口ボーナスの時代
日本型福祉社会と「ジャパン・アズ・ナンバーワン」　成功体験の足かせ
「1.57」はなぜショックだったのか
「産めよ殖やせよ」の呪縛で及び腰
少子化という「女子どもの問題」は後回し
広がらなかった危機感
なぜ効果を上げられなかったのか　小出しの施策
変わらない政治家の姿勢
担当職員ですら子育て支援には無理解
結婚・出産は「自己責任」か
次世代育成こそが高齢者福祉を支えるはずなのに
「子育てなんか他人事」のツケ
政治の混乱，リーマンショック
司令塔がいない少子化対策・子育て支援
世代再生産の最後のチャンスを逃す
霧の中を人口減少へと進み続ける日本

人口が増えては困る時代があった

それではなぜ、ここまで日本の少子化が進んでしまったのだろうか。

実は、もしもっと早くから、社会構造の変化に合わせて政策を打ち出していたならば、**現在のように激しく進展する少子化のスピードを緩めるチャンスは、あった。しかし、政治家も官僚も国民も、あまりにも少子化に対する危機感が薄く、状況を楽観視したために、その機会をみすみす見逃してしまった**のだ。

まず、戦後から一・五七ショックまでの日本の人口をめぐる状況をざっと見てみよう。

第二次大戦後、日本は人口急増に直面する。一九四五年には総人口約七二一五万人だったが、海外からの多数の引揚者もおり、翌四六年には約七五七五万人と、三六〇万人増となった。

そして、一九四七年から四九年にかけて毎年二六〇万人以上生まれた世代が、まさに第一次ベビーブームの団塊の世代である。一九四九年には約二六九万七〇〇〇人と、戦後最大の出生数となり、この時の合計特殊出生率は四・三二であった。

これをピークに出生数は減り出し、一九五〇年には約二三三万八〇〇〇人(合計特殊出生率三・六五)、五二年には約二〇〇万五〇〇〇人(同二・九八)、五三年には約一八六万八〇〇〇人(同二・六九)と、出生数も二〇〇万人を下回るようになる。だが、死亡数が減ったこともあいまって、日本の人口は増加を続け、**一九五五年まで毎年一〇〇万人以上の人口増が続く**のである。

戦後の混乱期の日本にとって、終戦直後の急増のみならず毎年一〇〇万人超の人口増が続けば、とても食料も賄えない事態になると恐れられた。**何としてでも人口増加を食い止めなくてはならない、と政府は考えた**のである。

一九四九年に内閣に人口問題審議会が設置された(翌年にいったん廃止され、一九五三年に旧厚生省が再び設置)。一九四九年一一月、人口問題審議会は、内閣総理大臣吉田茂に「人口問題審議会建議」を提出しているが、その冒頭には「戦後のわが国においては、一方、出生率が高まり、死亡率が低下して、人口の自然増加率が著しく大となり、また大量の在外邦人の引揚げが行われた結果として、人口が激増」とある。

それに対して、「国内産業や国際貿易の再建で生産力の回復」を図って人口の収容力を上げることだけでなく、**産児調整によって人口増加を抑えることや海外移住も提案されている**。特に海外移住に関しては、人口の過剰感解消に「極めて大きな効果がある」と述べている。

一九七三年まで続いた移民送り出し事業

戦後の海外への移民について少しだけ触れておきたい。もちろん戦後の移民は戦前に比べると非常に少ない。外務省の青書は一九五七年から『わが外交の近況』として発刊されているが、その第一号で海外移住について言及されている。そこでは「移民政策の重要性」として、「人口九〇七〇万人（当時世界五位）が狭い国土にひしめき合い、農業生産も限界にきている」「毎年八〇万前後の生産年齢人口が労働市場に入るのが、わが国の最大の問題」という中で、「日本人自身が身に着けた高度の技術を世界の開発に役立たせ、相共にその利益を分かつことが理想的」（引用箇所は筆者が一部編集）と述べている。

だが実際には「高度の技術」の移転などではなく、同じ青書の中で「**（人口過剰と耕地過小に生き悩む）農村の次男・三男対策**」であるとも書かれている。さらに、同年九月には「海外移住五か年計画」が策定された。**しかし、一〇〇万人の人口増はすでに終わり、一九五七年には合計特殊出生率は二・〇四まで減少していた**のである。

政府が渡航費を貸し付ける移民は一九五二年から再開したが、その移住先はほとんど南米で、自費渡航者の多くは国際結婚による米国移住である。一九五二〜五八年までで総計七万人近い人数が移民として国外に出ている。実は高度成長期に入っても海外への移民送り出しは継続され、最後の移民は一九七三年にブラジルに渡っている。

ところがその後、**一九八〇年代のバブル景気による人手不足に陥り、産業界の強い要望もあって入管法（出入国管理及び難民認定法）が改正され、一九九〇年（それは最後の移民送り出しからたった**

一七年後である）には、日系移民の三世までであれば、日本に自由に来て働けるようにしたのである。

一九六〇年代からすでに若年人口は減少していた

一九五九年に出された人口白書『転換期日本の人口問題』は、団塊の世代が大人になる時期には、生産年齢人口の激増が深刻な雇用問題をもたらすとして、いっそうの出生抑制の必要性を論じている。しかし**実際には、一九五六年から、合計特殊出生率は人口を維持するのに必要な人口置き換え水準を下回り出していた。**一九五六年の合計特殊出生率は二・二二であったが、当時の人口置き換え水準は二・二四と計算されている。

奇遇にも一九五六年は、経済企画庁の『経済白書』が「もはや戦後ではない」と述べた年でもある。その後、**合計特殊出生率は一九六〇年に二となり、出生人数は約一六一万人である。もはや団塊の世代より一〇〇万人以上少ない出生数**であった。

このように、すでに一九五〇年代末には出生児数の減少傾向が見え出していた。そのため**高度成長期の六〇年代に入ってからは、総人口は増えるものの、若年人口は減少してくる。**

つまり、**人口が増えていたのは子どもがたくさん生まれるからではなく、医療や衛生状況が各段に改善されたことで、死亡率が減少し、平均寿命が延びてきたからである。**要するに死ぬ人が減った、ということなのだ。一九五〇年代前半こそ、毎年一〇〇万人以上の人口増があったが、早くも五〇年代後半から六〇年代初頭にかけては、毎年の人口増加人数は一〇〇万人を切っていた。**もはや、出生を抑制する必要などなかった**のである。

人口の変動を説明する理論に「人口転換」というものがある。一般的に経済発展の前は、乳幼児の死亡率も高く平均寿命も短いため、多産多死社会、つまりたくさん生まれ、たくさん死ぬ社会である。そして、経済発展で医療や衛生状況が改善されると、まず死亡率が低下して多産中死の時代が来る。この段階では大勢の人が生まれ、かつ死ぬ人は減ってきているので人口が増える。そしてその後、死亡率の低下と同時に出生率も次第に下がり、最終的には少産少死に至る。

この一連の変化のプロセスを人口転換という。

日本の場合、江戸時代は、ほぼ半分の子どもが成人前に亡くなっていたので、子どもが四人いないと人口が維持されなかった。その後次第に死亡率は下がるものの、大正時代(一九二〇年代前半)でも、男子の場合、五歳まで生きるのは出生児の八割弱であった。

日本の死亡率は二〇世紀初頭から下がり始め、その後、出生率は一九二〇年代から徐々に下がり始めるという、およそ一〇〇年の時間をかけて人口転換のプロセスをたどっていた。途中の戦争や敗戦、第一次・第二次ベビーブームは特異な出来事にすぎなかった(河野稠果『人口学への招待』)。

このように、**人口転換の理論に従えば、無理に出生抑制などしなくても、おのずと日本の出生率が下がり、出生人数が減るのは明らかだった**のだ。

一九六九年には生産年齢人口減が予測されていた

先に述べたように、**日本の合計特殊出生率は、早くも一九五六年から、二を上回ってはいるものの人口置き換え水準のギリギリか、それを下回る状態**だった。その後、団塊ジュニア世代の最後の年に当たる一九七四年の二・〇五を最後に、翌七五年に一・九一となってからは一度も二を上回ったことはない。

だが、**一九九〇年に一・五七ショック（一九八九年の合計特殊出生率。正確に一年間の数値がわかるのは翌年なので、一九九〇年に判明した）が起こるまで、日本は若年人口の減少に無頓着**であった。

実は、一九五九年にあれほど出生抑制の必要性を述べた人口問題審議会は、その一〇年後の六九年八月には、まったく違った意見を中間答申として「わが国人口再生産の動向についての意見」を出している。

そこでは次のような指摘がなされていた。

- **日本の合計特殊出生率は、東欧諸国を除いた先進諸国のどこよりも低くなっており、人口置き換え水準を一〇年以上にわたって下回っている。**

・生産年齢人口が増えたのは、団塊の世代が生産年齢に入った一時期のことにすぎず、**このままでは一五歳未満の年少人口は急速に減少**し、将来の生産年齢人口はもはや増加せず、将来「労働力不足」を招く。それは日本の経済成長の低下を招きかねない。
・一方で、老年人口は急速に増加し、人口の年齢構造は大きく変化する。

このように警告して、家族ではなく高齢者を社会的に支える制度の必要性まで言及されている。つまり、**将来の高齢化の進展、特に労働力人口の減少に対して、答申は強い危機感を示していた**のだ。

しかも答申では、出生率低下の背景にある要因として、「子女の扶養負担はその教育費を含めて、家計のいちじるしい圧迫となっており、住宅や生活環境の不備もまた出生抑制の要因の一つとなっているとみられる」と述べられている。

子どもの教育費負担は最近になって社会的課題として論じられるようになったが、実は一九六九年にはすでに、教育費の問題が少子化の背景にある要因の一つだと示されていたのである。

第二次ベビーブームの到来と「成長の限界」

だが、**この中間答申の危機感が社会に広がることはなかった。一九七一年に第二次ベビーブームが起こったからだ。**目の前で大勢の赤ん坊が生まれている状況では、社会が危機感を共有するのは難しかっただろう。実際、第二次ベビーブーム（団塊ジュニア）の一九七一～七四年までの四年間は毎年の出生数は二〇〇万人を超えていた。だが、一九七四年の合計特殊出生率二・〇五は人口置き換え水準を下回っていた。

しかもタイミング悪く、第二次ベビーブームのさなか、一九七二年にローマクラブから「成長の限界」というレポートが発表される。**「成長の限界」では、人口増は悪であるとされ、世界で一九六〇年代のような人口増加や経済成長が続くと、食料不足や資源の枯渇が避けられなくなるという内容**であった。

確かに一九六〇年代の途上国の人口増加は、「人口爆発」とまで言われた。戦後、予想より急速に途上国で死亡率が下がり、多産少死で人口が激増し、食糧難が危惧されたからである。日本でも、一九七三年にはオイルショックもあり、これ以上人口が増えるのはよくないという認識が醸成されていった。

さらに一九七四年八月にブカレストで世界人口会議が開かれることになり、二か月前の六月には人口白書『日本人口の動向――静止人口をめざして』が出される。この白書の冒頭には審議会会長の「日本人口の動向の発表にあたって」という文章が掲載されている。

ここには、世界人口が激増していることから、国連が一九七四年を世界人口年にしたこと、各国が人口問題に取り組まなければならないこと、世界の人口増加は途上国の要因が大きいものの、先進国は一人当たりの資源消費量が多く影響が大きいことなどが言及されている。そのため日本の人口も国内だけでなく、世界の人口問題との関連で考えていかなければならないと述べている。そして、**白書の本文では、日本の人口について「第一の課題は人口抑制」であり、「今の人口再生産を上回るようなことがあってはならない」と述べている。**ちなみに一九七四年の総人口は約一億一〇五七万人であった。

さらに白書では、一九八五年の合計特殊出生率が二・四四、二・二三、二・〇三のいずれかになるケースを想定し、二〇二五年までの人口を推計している。

そして**「このままでは若年人口が減る」が「(労働力は)既婚女性も含めて、女性で補う」**とされ、「社会からは人口増をゼロにすべし」という要求があること、だが、「たとえ合計特殊出生率が低位の二・〇三であっても、今までの年齢別の人口構造によって、人口増加は三〇～四〇年は止まらない」(要約筆者)と書かれている。

そもそもこの推計の最低値の二・〇三でも、その後の実際の合計特殊出生率よりはるかに高いのだが、白書での推計には中位の二・二三という値が使われ、平均寿命も今より低く想定していた。

よもや今のような出生率低下に伴う超少子化と人口減少、そして急速な高齢化率の増加が起こるとは、約五〇年前には予想されていなかったのである。

一九七〇～九〇年代は人口ボーナスの時代

だが世界人口会議の翌年、一九七五年からは急激に出生数も合計特殊出生率も下がり出す。**合計特殊出生率が人口置き換え水準を大きく下回る現象は、日本だけでなく、ほとんどの先進諸国で起こっていた。**実は、これは世界の人口学者にとっても予想外のことだった。

それでも日本社会が人口減少への危機感を持つことは難しかっただろう。出生数は毎年減少していたが、死亡数も減少したために人口それ自体は増えていたからである。それは**高齢者の長寿化が進んだために起こった人口増で、その陰で若年人口は確実に減り始めていた。**

この一九七〇年代から九〇年代初頭の日本は**生産年齢人口が多く、養わなければならない子どもや高齢者が少ない「人口ボーナスの時代」**だった。働き手の多い人口構造が日本の経済成長に好影響を与えて、若年人口の減少とそれが将来にもたらす問題が覆い隠されていたのである。そしてそれは、**「一億総中流」と言われた時代と微妙な重なり**を見せていた。

だが、実は一九八〇年に、七〇年代後半の合計特殊出生率の低下に危機感を持った人口問題審議会から『出生力動向に関する特別委員会報告』が出されていた。なぜ合計特殊出生率が二を下回り出したのか、これが続くのかどうかを究明しようとしたのである。

この報告書には参考としてフランスや西ドイツ、スウェーデンなどの出生動向もまとめられている。これらの国々も出生率が二よりも低くなっており、その要因として女性の高学歴化・雇用労働力率の上昇、結婚率の低下、離婚率の上昇などを挙げている。だが当時、日本の生涯未婚率は非常に低く、夫婦になればほとんど子どもを持っていたため、欧米諸国と日本は違う、という結論になっていた。

実際にはその頃、日本でも次第に結婚年齢が上がり、二〇代前半の出生率が下がってきていた。だが報告書は、最終的に夫婦が持つ子ども数が二・二程度であることから、一九七〇年代後半からの出生率の低下は一時的な出産の先延ばしであり、いずれ一定の年齢になれば女性は子どもを産み出すと述べている。**この時点では、現在ほどまでに未婚率が上昇するとはまったく想定されず、いずれほとんどの女性が結婚する（≒出産する）と考えられていた。**

しかし、この期待は見事に裏切られる。女性の未婚率は急速に上がり、晩婚化も進んだのだ。一九八〇年に二四％だった二五〜二九歳の女性の未婚率は、八五年には三〇・六％、九〇年には四〇・四％となっていた。そして、**出生率は上昇することなく一貫して下がり続ける**こととなる。

日本型福祉社会と「ジャパン・アズ・ナンバーワン」　成功体験の足かせ

日本が自分たちの出生率の低下を楽観視していた一九八〇年代初頭、すでにフランスやスウェーデンでは七〇年代の出生率低下に危機感を抱き、女性の高学歴化や就業率の上昇などを前提に、就学前教育と保育や育児休業制度の充実も含めた包括的な家族政策の整備に着手していた。

フランスはそもそも出産促進政策を取り続けていたが、同時に「女性の選択の自由」という原則を掲げ、時代に合わせて制度を変えつつ出生率を回復させた。スウェーデンでは子育てと仕事の両立基盤整備を進めたことで、一九八〇年代半ばに出生率が回復し始め、先進諸国の中では出生率が高いグループに入る。

では、**なぜ日本は何も手を打たなかったのだろうか。**

その答えは、一九七九年に大平内閣が打ち出した「日本型福祉社会」論を見ればわかるだろう。これは、家庭こそ福祉の基盤という考え方で、簡単に言えば、**日本は専業主婦が育児や介護を無償で担うため、社会保障費用が安くすみ、それが日本の経済成長を支えている**という考え方だ。同じ年に自民党が出した研修叢書『日本型福祉社会』では、高福祉・高負担の北欧は愚行であり、高齢者の世話は子どもや家庭が責任を持ち、公的サービスの利用は例外に限る、という主張が示されている。なにせ「保育所を作れば、母親が子どもを預けて働きにいく「必要」が誘発される。ポストの数ほど保育所を作れば、国は破産する」(要約筆者)とまで書かれているのだ。**「専業主婦がすべてやる」のであるから、子育ての社会化や子育て支援など必要ない、と考えられていた**のである。

しかも、一九七九年はエズラ・F・ヴォーゲルの『ジャパン アズ アンバーワン』が出された年である。この本では、日本の成功の秘訣として、日本人の勤勉さとともに、終身雇用・年功序列賃金・企業別組合・企業丸抱え福利厚生制度などが挙げられていた。しかし、ここには書かれていなかったが、**夫が人生の時間をすべて会社に捧げるような働き方ができるのは、妻が家事や育児・介護の一切を担っていたから**である。だが、これは、豊富な若年労働力のあることが前提の仕組みだった。

われわれ日本は、**そのような性別分業・自己責任の仕組みで「ナンバーワン」とまで言われる経済成長をしてきたのだ、なぜうまくいっていた制度を変える必要があるのだろうか――**。日本は世界第二位の経済大国となり、一九八〇年代にはバブル景気に突入する。**誰も自分たちの足元に迫る危機に気づいていなかった。**

「一・五七」はなぜショックだったのか

その後、起きたのが一九九〇年の「一・五七ショック」だった。

合計特殊出生率一・五七の意味を解説しよう。干支が丙午《ひのえうま》の女性は「気性が激しく夫の命を縮める」という迷信があり、丙午に当たる一九六六年の一・五八という低い出生率は「異例の事態」と考えられていた。実際、その前年一九六五年には二・一四、六七年には二・二三と、丙午を避けるための受胎・出産調整が行われていたことがわかる。

一・五七という数字は、丙午という「異例」だったはずの低出生率を下回っていた。
一九八〇年の『出生力動向に関する特別委員会報告』が示していた「七〇年代後半からの合計特殊出生率の低下は、出産の先延ばしにすぎず、一定の年齢までには産み出すため、いずれは二前後に戻る」という甘い期待は見事に裏切られた。**もはや出生率の低下は避けがたい現実だった**のである。

しかしこれがどれほど将来の日本に影響を与えるか、子どもが減ることが社会に何をもたらすか、について深刻に考える人はほとんどいなかった。**当時日本はまだバブル景気に酔っていた。**
誰がそんな先のことを心配するだろうか。

そもそも少子化という言葉さえ、広がっていなかった。

少子化という言葉が「子どもが減る」という意味で初めて使われたのは、一九九二年の『平成四年版国民生活白書　少子社会の到来、その影響と対応』（経済企画庁）からである。

一方、一九八六年に男女雇用機会均等法が施行され、女性の労働力率も大学進学率も上昇していた。これに対し、少子化の要因として「女が働くからだ」「女が大学に行くからだ」という女性のみに責任があるとする意見も出ていた。出生率低下を何とかしなくてはならない、と考える政府関係者もいたが、動きはなかなか始まらなかった。

一九九〇年には一・五四、九一年には一・五三と合計特殊出生率は下がり続け、そしてバブルは

崩壊した。

「産めよ殖やせよ」の呪縛で及び腰

数年後、いよいよ少子化の問題が政策的に取り上げられる兆しが見えてきた。

一九九四年四月発行の『平成五年版厚生白書』のサブタイトルは、「未来をひらくこどもたちのために――子育ての社会的支援を考える」である。この白書の冒頭には、時の厚生大臣大内啓伍の言葉として「子どもをめぐる問題は高齢化への対応と並んで、厚生行政のいわば車の両輪ともいうべき重要な課題である」という問題意識が示されていた。

さらに「はじめに」には「子どもの健やかな成長が保障される社会、また社会的・経済的な事情の如何にかかわらず、子どもを持ちたいと望む夫婦が望むだけの子どもを持てるような社会の実現を目指し、少子社会における子育ての社会的支援の強化を提唱するものである」と記されている。

しかし当時、人口が減ると競争も減り、家も広くなるなどよい面もあるという考え方も根強くあり、白書の記述も、少子化や人口減のもたらすメリットなどもあるとしながら、一方で少子化がもたらす影響への懸念を示す、という遠慮がちなものだった。

さらに「結婚や子育ては個人の生き方、価値観に深く関わる問題であり、政府がその領域に直接踏み込むことは差し控えなければならない」ということが、繰り返し強調されている。

かつて日本政府が軍国主義のもと「産めよ殖やせよ」と国民に出産を奨励した背景があり、政府は少子化対策がそれと同じであると受け取られることを非常に恐れていたのである。実際に「結婚や出産を強要するのか」という反発もあった。

その後、子ども関係の施策が動き始めたのは、一九九四年一二月発表の文部、厚生、労働、建設の四大臣合意により策定された「エンゼルプラン」からだ。

「エンゼルプラン」それ自体は、子育て支援社会を構築するという幅広い問題意識を持っていたものの、実施された中心的な施策は「緊急保育対策等五か年事業」という保育整備を中心としたものであった。

少子化は未婚化や晩婚化によって出生率が低下していることが主な要因だったにもかかわらず、「産めよ殖やせよ」への恐れや、結婚する／しないはあくまでも個人の選択であり、そこに政策が関与する余地があるのかという議論もあった。そこで、少子化対策といえば「すでに生まれている子ども」「産もうとしている人」への支援に偏ってしまったと言えるだろう。

少子化という「女子どもの問題」は後回し

一方、人口問題審議会で少子化問題を本格的に議論し始めたのは、出生率が一・三九まで落ち込んだ一九九七年である。この年は、介護保険の法案が制定された年でもある。

実は筆者は、一九九七年に開催された審議会の会議に一度参加し、働きながら子育てしている母親として自分の状況について述べた。この時、会議には五名の女性がヒアリング対象者として招かれていたが、子育てに四苦八苦しながら働く女性たちや子どものいない人など、さまざまな立場の、多様な人選であった。

筆者は、男女雇用機会均等法以前に就職し、育児休業制度導入前に第一子を出産したが、**職場で妊娠を告げたとたんに、上司から「おめでとう」という言葉とともに出産予定日を聞かれ、あっさり退職日が決まった。**その後、生まれた子を連れて夫婦で米国に留学、再就職が決まり帰国したが、認可保育園には入れず待機児童となり、多くの認可外保育園に断られた末に、ようやく一か所に泣きついて預かってもらった。その後ほどなくして運よく認可保育園に入れたが、保育園に入れるまでは本当に苦しかった。会議ではそんな体験について話したのだ。

筆者が参加した回の人口問題審議会は、厚生省の講堂で大勢の報道関係者を集めて開催された。これは、少しでも少子化問題をアピールしようという厚生省の工夫だっただろう。会議の後、ヒアリング対象者と審議会委員、厚生省の担当者との交流会も開催され、委員から「働く女性が出産や子育てに苦労している実情を初めて知った。こんなに大変では、子どもが生まれるはずがないね」と声をかけられた。二〇年以上前の一九九七年当時、政策決定に関わっていた世代の人々にとって、子を持つ女性がどうやって子育てしながら働いているかなど想像もできなかったのだろう。

無事ヒアリングが終わって、会議の担当者もほっとしていた。当時、政府の審議会で何の肩書もない三〇代の女性が話をすることなどありえなかったからだ。担当課長は「何か不始末があったら、自分が責任を取る」と一札を入れていたと、あとから教えられた。

働いている／いないにかかわらず、子持ちの母親たちは軽んじられ、若い親の社会的発言力は小さかった。**少子化は社会の将来に関わる深刻な課題であり、一日も早く取り組まなければならない問題であったのに、「女子どもの問題」として軽んじられ、後回しにされていた。**

広がらなかった危機感

やはり一九九七年、審議会では、一五回に及ぶ総会を開き、さまざまなヒアリングを実施し、『少子化に関する基本的考え方について——人口減少社会、未来への責任と選択』という報告書を出している。そこでは次のような論点がまとめられた。

① 少子化の原因は主として未婚化・晩婚化である
② それは女性の社会進出の時代に仕事と家庭が両立し難いために起こっている
③ 両立を妨げているのは、固定的な雇用慣行と固定的な男女の役割関係である

④　企業社会と家庭・地域両面でのシステム変革が必要である

この提言内容は、その後の少子化対策の基本的な考え方となっている。

さらにその後、人口問題審議会は日本の政策を作成するうえでの参考となる各国の少子化対策・家庭支援について精力的にとりまとめ、一九九九年に『少子化に関連する諸外国の取組みについて』という報告書を出している。

一方、人口問題審議会の一九九七年の報告書を受け、一九九八年に出された『平成一〇年版厚生白書』には「少子社会を考える――子どもを産み育てることに「夢」を持てる社会を」というサブタイトルがついている。この白書には、このまま少子化が進むと日本の人口減少が急速に進み高齢化率が上昇して、深刻な状況になることが書かれていた。また、**この白書は「三歳児神話」を明確に否定したことでも注目を浴びた。少なくとも白書においては、この時点で日本の児童・家族政策を大きく転換する必要性が提起されていた**のだ。

また人口問題審議会の報告書に言及し、「少子化、そして人口減少社会をどう考え、将来の我が国社会はどのようにあるべきと考えるかは、最終的には国民の責任であると同時に国民の選択であ」り、「国民各層における幅広い議論を望んでいる」と記している。

だが、**問題意識は社会全体にはなかなか広がらなかった。**

なぜ効果を上げられなかったのか　小出しの施策

人口問題審議会の報告書や白書でも、「少子化の要因への政策的対応は、労働、福祉、保健、医療、社会保険、教育、住宅、税制その他多岐にわたる」という問題意識は共有されていた。しかし、その後出された一九九九年の「新エンゼルプラン」、二〇〇一年の「待機児童ゼロ作戦」と、**どれも保育整備に重点が置かれ、その他は各省の既存政策を並べたもので、包括的な子育て支援策が整合的・戦略的に講じられることはなかった。**いつも施策は小出しで予算も少なく、介護保険のような抜本的な対策は取られなかった。

保育整備中心になってしまったことにはいくつもの要因がある。

第一に、先に述べたように、**個人の結婚や出産について国が議論することはタブー視されていたため、すでに結婚し、出産した人のその後の子育てを支援するというスタンスが強調された。**白書でも、何度も「多様な生き方を否定するものではない」と念押しのように記述されている。

第二には、どうすれば子育てしやすい社会になるのかについて、意見が錯綜していたことがある。そもそも**「なぜ子育てを支援する必要があるのか」という否定的な考え方も根強く、**「親が勝手に自分で子どもを産んだくせに、助けてほしいなんて言うのはおかしいではないか」と考える人も多かった。それだけ、**少子化が社会の未来にもたらす深刻な影響を理解している人は少な**

かったのである。

第三に、どういった具体的な制度や仕組みを導入すればいいのかについてもまとまらない状態であった。少子化対策といえば保育対策になってしまったこととも関連しているが、「子どもを預けられないと働けない」という問題はわかりやすく、また待機児童をなくすなどの成果も数値化されやすい。効果が見えやすい政策から進めるのは、あたりまえともいえる。

第四に、**未婚の若い世代や子育て中の世代を代表する組織がなく、当事者の意見を吸い上げる仕組みがなかった**。政府の審議会などには、保育・幼稚園団体や労働組合の代表が入ったが、かれらが若者や子育て世代の当事者を代表しているわけではない。労働組合にしても、正規雇用者の立場が優先で、非正規などで働く人々の多様な意見は反映されなかった。

第五に、**実際に保育整備が進んでいなかった**ことがある。保育がフルタイムで働く親たちを支えられる体制になったのは「エンゼルプラン」以降で、それまでは保育時間も短く、フルタイムで働き続けようとすれば、閉園後の子どもを預けるベビーシッターや祖父母の恒常的な助けが不可欠だった。もちろん病児保育や障がい児保育もほとんどなかった。

第六に、**一九九〇年代の厚生省は、二〇〇〇年から実施予定の介護保険の準備に忙殺されていた**。子どもと高齢者問題の双方が厚生行政の二つの大きな課題であったはずが、目の前の介護が必要な高齢者への対応にエネルギーが注がれ、見えない危機である少子化への対応は後回しになってしまった。

第七に、**子育てしやすい社会にするには労働や教育、住宅などの社会全体に関わる幅広い改革が必要だが、それは厚生省の管掌する範囲を超えていた。**保育だけは厚生省の所管で、待機児童という明確な課題があり、それに対して供給を増やすという方向性もはっきりしていた。

第八に、若者の就職難や非正規雇用の拡大など、**バブル崩壊以降の若者の雇用をめぐる状況変化が結婚や出産に深刻な影響を与えることに気づかず、「若者の自己責任」と捉えられていた。**

変わらない政治家の姿勢

そもそも少子化対策は長い時間がかかる。**フランスやスウェーデンは一九六〇年代後半から七〇年代の出生率の低下を目の当たりにして、若い世代の状況や社会の変化に合わせて政策を整え、数十年かけて出生率を改善させてきた。**当然のことだが、結婚も出産も個人の選択である。ただ、若い人たちの労働環境や子育て環境を整え、好きな人ができれば結婚し、子どもがほしければ安心して妊娠や出産ができるという状況であれば、人々の行動を後押しすることができる。しかし、そういった環境整備は、社会全体が少子化に強い危機感を持ち、今の若者と将来世代に投資をするという決意なくしてはできない。**日本社会には、徹底的に危機感が欠けていた**のである。

これは少子化、高齢化がかつてなく問題視されているはずの現在でも同じである。二〇一八年になっても政権の有力者が「子どもを産まない方が幸せじゃないかと勝手なことを考える人がいる」と発言している。これに対してある大学生が新聞への投書で「少子化問題を引き起こす原因は様々で〔……〕その問題を一つひとつ解決していかねばならない。それができるのは政治しかない。それなのに国民に責任を押しつける姿にがっかりする。政治家として日本をよくしていこうという気概がみじんも感じられない」(『朝日新聞』二〇一八年七月三日「声」)と述べている。**一・五七ショックから三〇年たっても、少子化に対する政治家の姿勢は変わらないまま**である。

ここが介護の社会化が一気に進む介護保険導入前夜とは大きく違う点である。日本の高齢者介護が社会的な話題になり出したのは、一九七二年に有吉佐和子が発表した小説『恍惚の人』がきっかけであった。これは、認知症になった義父と、その介護をする嫁の物語である。大きな社会的関心を呼び、一九四万部のベストセラーになり、翌年には映画化もされた。

日本では一九七〇年に高齢化率が七%となり、まさに高齢化社会の入口に立ったばかりだった。ちなみに一九七〇年の平均寿命は男性約六九歳、女性約七五歳である。

その後、先に述べたように一九七九年には自民党が「日本型福祉」論を打ち出し、介護や育児は家族が担うべきだとされた。だが、八〇年代に入って介護の問題はいよいよ深刻化し、九〇年代から二〇〇〇年代を通じて介護保険に関する議論は沸騰していた。

誰もが年を取ることは避けられない。介護は自分に関わる問題かもしれない、と考える人は多かった。しかも人数が多く、政治力もある高齢者が制度の実現を待っていた。社会的な危機感も強く、高齢者介護を社会的に支えることへの支持もあったことが、介護保険という新しい制度をつくる大きな原動力であった。

担当職員ですら子育て支援には無理解

だが、少子化対策や子育て支援の場合は介護保険のようにはいかなかった。**二〇〇〇年当時、一九七一～七四年生まれの団塊ジュニアはまだ二〇代後半であった。かれらが安心して結婚や出産ができるように、一日も早く制度整備をしなくてはならないと考える人と、「今はたんに結婚や出産が遅れているだけで、いずれはかれらが第三次ベビーブームを起こす」と楽観視する人たちがいた**のである。

団塊ジュニアが三〇代になる二〇〇三～〇七年まで、筆者は、横浜市の副市長として医療・福祉・教育を担当した。「当事者としての意識で子育て支援を充実させ、子育てしやすい横浜にしてください」と市長に言われていたが、市の職員に問題意識を持ってもらうことが最初の作業であった。待機児童問題は課題が明確でゴールはわかりやすく、計画策定はしやすい。だが、たとえば**専業で育児する母親の孤立感や負担感はなかなか理解されなかった。**

横浜では母親たち自身が、親子が集まって子育て相談をしたり、子育て仲間との交流を持つ場所である「集いの広場」をつくっていた。そこに集まる母親たちの話を、子育て支援の担当者となる市の管理職の男性たちに聞いてもらった時のことだ。

母親たちの多くは結婚や妊娠をきっかけに横浜に移り住むことになり、近所には知り合いもいない。出産年齢の幅が広がっており、そもそも子どもが少なく、公園に行ってもなかなか話が合いそうな同年齢の親子には出会えない。しかたがないからショッピングセンターの屋内で一日過ごし、ファストフード店で食事をし、夕食の買い物をして帰る。結局、誰とも話さない一日が終わる。夫は遅くまで帰って来ず、子育ての話は聞いてくれない。

彼女たちは、自分たちが孤立しており、言葉をかわす人もいない日常を過ごしていること、子どもには一緒に遊ぶ友達もまだ見つからないこと、子ども同士で遊ぶ経験の乏しいわが子の育ちが心配であること、そもそも安心して子どもを遊ばせながら過ごせる場所がないこと、夫が子育てに無関心であること、誰もが子連れに冷たく迷惑がられることなど、その孤立感や子育ての息苦しさを語ってくれた。同じ思いをした筆者には胸に突き刺さる話だった。

ところが職員の感想は「働く必要もなく、子どもと一日ブラブラしているだけで毎日幸せじゃないですか。何が問題なんですか?」というものだった。日頃、具体的な陳情や要求にさらされている職員には、母親たちの言葉をくみ取れないのだ。

一九九四年のエンゼルプラン、そして九八年の白書以降、少子化対策や子育て支援の必要性が述べられてきたが、まだ二〇〇〇年代前半は、子育て支援施策を実施するはずの自治体の担当者にすら、その意義が理解されていなかったのである。

結婚・出産は「自己責任」か

自治体の担当者でも理解が進んでいないのだから、一般の人々の理解を得るのはもっと大変であった。子育て支援の必要性を述べると、議会でも、また市民からも「昔の母親は五人も六人も子どもを産んでいた。今の母親は一人や二人をなぜ育てられないのか」「保育園に子どもを預けるのは親の子育ての放棄だ」「親が勝手に産んだんだから、親の責任で育てさせろ」「出産や子育ては自己責任」「若者が結婚せず、子どもを産まないのはけしからん」といった意見がよく出たものだ。

なぜなら、**多くの人にとって子どものことは、自分に関わりない他人事**だったからだ。

高齢者問題は、実際に介護状態になった高齢者と、介護に悩む家族の姿を見れば、自分にも関わる現実として理解されやすい。だが、**子どもが生まれないという少子化の影響は、すぐには見えない**。生まれたかもしれない子どもたちが生まれてこなかったといっても、その問題がすぐに顕在化するわけではないからだ。まさに**少子化は「見えない危機」**なのだ。そして、実は少子化の影響が人手不足という形で見え出した時には、もはや手遅れなのである。

年を取り介護状態になるのは、自己選択や自己責任ではない。だが結婚する／しない、出産する／しない、はまさに個人の選択であり自己責任だと考えられたのだ。

その後も二〇〇四年には「少子化社会対策大綱」、〇五年からの「子ども・子育て応援プラン」、〇七年には「「子どもと家族を応援する日本」重点戦略」、一〇年に「子ども・子育てビジョン」など、矢継ぎ早に政策が出された。そして、**これらの政策においても常に十分な財源が確保できず、小出しの政策実施**だった。少子化対策や子育て支援の推進に多数派の社会的支持や予算を得られないまま、団塊ジュニアが三〇代になっても第三次ベビーブームは起こらず、二〇〇〇年代は終わってしまった。**「若者の身勝手」「自己責任」という議論のもとで、日本の少子化の急速な進展を何とか食い止める最後のチャンスを摑むことができなかった**のだ。

次世代育成こそが高齢者福祉を支えるはずなのに

横浜副市長だった当時、筆者は福祉全般も担当し、介護保険導入後の高齢者福祉関係の施策も担った。介護保険もあっという間に利用者が増えていき、特別養護老人ホームの建設を筆頭に、介護の基盤整備が必要だった。横浜市では、二〇〇〇年に年間予算六五二億円でスタートした介護保険は、毎年一〇〇億円以上の勢いで伸びており、そこには市民からの保険料だけでなく市税も投入されていた。税収が伸びない中で、増大する介護保険に投入する税金を何とか確保しなければならない。

当時、横浜市では、七〇歳になると市営地下鉄や市内のバスに乗車できる無料パスが配布されていた。そのコストとして市が交通機関に年間約八七億円の乗車料金を支払っていた。今後の高齢者の増加を想定すると、将来的には乗車料金費用は年間で一〇〇億円を超えると考えられ、事業の持続可能性に赤信号が点っていた。

そこで高齢者の所得に応じ、一年間の利用料を「無料・二五〇〇円・五〇〇〇円・一万五〇〇〇円」にするという提案を二〇〇三年にした。利用者の五割は年間二五〇〇円の負担になるが、そのことによって八七億円の事業費のうち、約九・五億円を高齢者に負担してもらおうと考えた。ところがこの一部有料化は「敬老の精神がない」「高齢者いじめ」と大騒ぎになった。

一方、福祉局は〇～四歳までだった小児医療費助成事業の対象者を五歳までに拡大しようと、約五〇億円から約六六億円への予算増を議会に提案した。これが無料パス一部有料化と連動して、「高齢者に払う金はなくても、子どもには払うのか」とさらに騒ぎは大きくなった。「これ以上礼儀も知らない若い親や子どもを援助するのはムダだ」「若い世代を甘やかすな」といった高齢者からの若い世代への批判が多く寄せられた。電話や手紙だけでなく、市長室のファクスの用紙がなくなるほど、抗議の文章が寄せられた。実際には、日本では子どもへの福祉に比べて圧倒的に高齢者福祉に多くの財源が割かれているにもかかわらず、である。

そもそも、年金をはじめとして健康保険など社会保障制度そのものが、現役世代から高齢者への仕送りのようなものである。**高齢者の福祉を保障するためにも、次世代が育つことが必要であること、そのために若い親たちが安心して子どもを産み育てることができるような環境整備が必要であることを説明しても、なかなか理解されなかった。**

「子育てなんか他人事」のツケ

これは保育園整備も同じだった。当時はまだ市有地もあったので、そこに保育園を建てようとすると反対意見が出るのだ。説明に回る職員は、反対する人たちから、ありとあらゆることを言われた。「若い親たちが働いて税金や年金などの社会保険料も納めてくれる」というと、**「共働きしないと食べていけないような貧乏人の助けはいらない」という高齢者もいた**という。また、保育園の意義を説明すると「保育園の必要性はわかった。だけどわが家の近所だけはやめて」とも言われた。

かつては特別養護老人ホームを設置する時も、同じような反対があったというが、**介護保険導入以降、高齢者施設への反対はすっかり減ってしまった**という。それは「みなさん、自分が利用するかもしれないと考えているからではないでしょうか。**保育園は子育てが終わった世代には、**

自分たちには関係ない他人事なんですね」と職員が話していた。

行政や政府が大きく制度や政策を変える時は、社会からの一定の支持が必要である。いくら必要性があっても社会的に理解が得られないと、新しい政策を推し進めるのは難しい。**二〇〇〇年代には団塊の世代がまだ現役であったため、人手不足や少子化の影響が表面化していなかった。**むしろ若者の非正規化が進み、就職難の時代であったが、これに対しても若者の自己責任論が強かった。二〇〇六年に横浜市にこども青少年局を設置する際に「若者就労問題」に取り組むと言った時にさえ、「甘えた若者をなぜ支援する必要があるのか」と言われたほどである。

先の職員の言葉通り、多くの人にとって子どものことは他人事であり、出産や子育ては親の自己責任だと考えていた。「少子化が将来にもたらすリスク」について、「子どもが生まれないのは他人事ではなく、私たち全員への危機である」という理解を社会に広げていく、より強力な動きがないまま二〇年が経ってしまったのだ。

しかし、**「子どもが生まれなくて、社会全体は困るかもしれないけれど、私には関係ない」とはいかない**ことは、「はじめに」や第1章で述べた通りである。私たちは今後、他人事のツケを思い知らされるのだろう。

政治の混乱、リーマンショック

今から振り返れば、介護保険導入後、すぐにでも児童・家族政策の再設計と充実に取り組むべきだったことは明らかである。

そして、それには**保育対策だけでなく、雇用や税・社会保障制度改革も視野に入れた再設計が含まれなくてはならず、政策内容とそれを裏打ちする財源まで含めて、議論を深めていくべきだった**。そうした取り組みがあれば、団塊ジュニアが三〇代の間、つまり二〇〇〇年代には、ある程度状況が変わっていたかもしれない。

二〇〇〇年に介護保険がスタートし、新たに介護保険料負担が始まった直後に、さらに新たな財源確保の話はできない、という事情もあったろう。だが、**ほんとうは、最も有効な高齢化対策の一つは少子化対策だったのだ**。現役世代が減っていく一方では、実際に介護を担う人だけでなく、介護保険そのものが支えられなくなる。年金も同じだ。支える現役世代が減るのだから、給付を減らさざるを得なくなる。次世代の子どもは、社会の存続に欠かせない外部性を持つ存在なのだが、そういった側面はほとんど理解されなかった。

実は二〇〇二年には厚生労働省の研究として「社会保障負担等の在り方に関する研究会」報告書が出されている。そこでは児童に普遍的な支援を実施すべきだとして、育児支援保険制度の創設が提言されている。

そして、翌二〇〇三年の**「次世代育成支援施策の在り方に関する研究会」の報告書では、**「次世代育成支援施策を高齢者関係施策と並ぶ国の基本施策として位置づけることが必要」として、**子どもは「すべての国民にとって重要な意味を持つ」ため、国民すべてが費用を負担する「社会連帯による次世代育成支援」ということまで盛り込まれている。**

さらに二〇〇七年には「「子どもと家族を応援する日本」重点戦略」が出された。この中では、団塊ジュニアがすでに三〇代半ばとなり、今後、出産可能世代が減っていく事実が指摘され、フランスの家族手当金庫を参考にした、新しい子ども・家族関係の財源確保案も示されていた。公費負担だけでなく事業主負担や個人負担も財源として統合し、給付も一括管理するものだ。二〇〇三年時点のデータによる試算も示され、**日本の約三・六兆円**（**対ＧＤＰ比〇・七五％**）**の家族関係支出を約一〇・六兆円**（**同約二％**）**にすれば、フランス並みの児童・家族支援ができる**とされた。

残された時間は短く、二〇〇八年に設置された社会保障国民会議では「少子化対策は最優先で取り組むべき「待ったなし」の課題である」とされ、「次世代育成に思い切った財源投入と一元的な制度設計が必要」と提言された。

ところが、そこからが進まなかった。

政府の審議会でこれほど強い意見が出されていたのだから、もし政府内に強い危機感があれば、子育てをめぐる抜本的な制度改革がもっと早くになされたはずである。

しかし、**当時は政権基盤が揺らいでおり、とても長期的なビジョンに立った新制度など導入する力がなかった**。二〇〇七年は年金記録問題、〇八年はリーマンショック、〇九年に政権交替と、**政治的・経済的混乱が続き、少子化への対応はまたしても後回しに**なってしまったのだった。

司令塔がいない少子化対策・子育て支援

子育てをめぐる制度改革ができなかったのは、政治や行政の仕組みの問題も関係していた。

いよいよ少子化に関する議論を深め、世論を喚起しなければならない時期であった二〇〇〇年に、**行政改革の一環として進められた審議会の整理統合で、人口問題審議会が廃止**されてしまった。また、二〇〇一年一月に厚生省が労働省と統合され、厚生労働省になったことで、児童家庭局は、雇用均等・児童家庭局となり、局長は雇用均等と児童家庭施策の両方を担うことになった。つまり、**子どもの問題を専従して担う局長がいなくなった**のだ。

二〇〇三年から内閣府に少子化担当大臣が置かれたが、一八年一〇月時点で、初代から数えて、のべ二二人もの大臣が就任している。しかも、少子化担当大臣は他の業務と兼任で、独自の予算権限も持っていなかった。

二〇一五年の「子ども子育て支援新制度」開始までは、少子化対策・子育て支援施策等に実際に予算をつけるのは厚生労働省の雇用均等・児童家庭局であったが、誰が少子化対策の責任者なのかがはっきりしないままだった。

その後、二〇一七年四月からは雇用部門と分離され、子ども家庭局が厚労省に設置されている。だが、現在も**母子保健や児童虐待・保育などは厚労省だが、その他の子育て支援や認定こども園は内閣府、幼稚園は文科省の管轄と、子ども関係施策を一元的に取りまとめるところがない。**新制度導入でさらに制度は複雑になっている。

このように、**一・五七ショック以来三〇年近くにわたって、常に少子化対策や家族政策を強力に推し進める原動力、政治的リーダーシップに欠けていた**のである。

フランスの家族手当金庫を模した児童・家族政策に独自の財源を確保する案は、民主党政権時代に、「新たな特別会計を増やしてはならない」として否定された。民主党は「ムダを省けば予算はある」という主張で政権についた以上、新たな財源確保策を伴う子育て支援の制度など考える余地もなかったのだろう。

世代再生産の最後のチャンスを逃す

本来は包括的な子育て援策を議論するべきであった「子ども・子育て新システム」(その後、「子ども子育て支援新制度」へと移行)は、結局、幼保一元化と認定こども園をめぐる議論に終始し、総合的な児童・家族施策の必要性にまで議論が深まらなかった。

社会保障と税の一体改革においても、当初は年金・医療・介護に増税分を当てると考えられており、児童関係は重視されていなかった。さまざまな議論を経て、やっと四つ目に児童関係が入ることになった。子どもについて投入されている予算規模は、年金や医療・介護に比べると圧倒的に小さい。そのため、少子化対策や子育て支援に集中的に財源を投下するためにも財源確保が必要だ、という課題意識は広がっていなかった。

二〇一一年に開催されていた社会保障改革に関する集中検討会議では、筆者も含め、子育て支援や若者就労支援関係者も委員となった。当時の与謝野馨大臣の前で、児童関係施策の充実が必要なこと、消費税の増税の際には児童関係にも予算を投入すべきであると意見を述べたことを覚えている。**一・五七ショックから二〇年以上たち、団塊ジュニアの先頭世代がいよいよ四〇代に入りつつある、つまり団塊ジュニア世代の再生産のほぼ最後のチャンスだった時期に、まだそんな話をしていたのだ。**

霧の中を人口減少へと進み続ける日本

二〇一三年には社会保障制度改革国民会議の最終報告書が出されている。報告書の最初には、議長から「国民へのメッセージ」として、社会保障を存続可能にするためには、「子育て支援などの取組は、社会保障制度の持続可能性を高めるためだけではなく、日本の社会全体の発展のためにも不可欠です」と書かれている。だが**今になっても、いまだ日本の少子化対策や子育て支援の力強い未来は見えないままである。**

幼児教育の無償化の方向性も示されたが、待機児童対策との矛盾を指摘されるなど、場当たり感が否めない。**出てくる政策は包括的かつ整合的に練られたものではなく、選挙目当てで細切れに打ち出される。**

母親たちがワンオペ育児の苦しさを訴えているにもかかわらず、「男の育児は赤ちゃんに迷惑」と平気で言うような政治家がいまだにいるのだ。今の日本は、若い世代が安心して働き、結婚したいと思う人が結婚し、子どもを持ちたいと思う人が望み通り子どもを産み育てることができる社会だろうか。

少子高齢化が進展し、財源的にも限りがある中で、若者が安心して働き、結婚し、子どもを産み育てていくには、税・社会保障制度・働き方改革とすべてを包括的に議論し、政策の優先順位付けもしなくてはならないはずだ。そして、その制度設計に際しては、子育ての現状に対する的確な理解が欠かせない。だが、誰が日本の子ども・次世代育成政策の司令塔かもわからないままで、どうすれば整合性のある包括的な政策形成がなされるのだろうか。

不都合な現実から目をそらし、長期的な戦略のないままに、短期的な人気取りのような政策が

打ち出され、先の見えない霧の中を、日本は少子高齢化と人口減少への道をひたすら進んでいる。

第4章

第三次ベビーブームは来なかった

「捨てられた世代」の不幸と日本の不運

保育園だけが子どもの問題ではない
そして，第3次ベビーブームは来なかった
破綻した「学校と職業の接続」
企業は生き残り，国は滅びる――少子化を招いた「合成の誤謬」
「パラサイト」「ひきこもり」が覆い隠した雇用の劣化
非正規にしかなれない現実
見えない「もう一つの社会」
間に合わなかった支援
日本の不運　失われた20年と団塊ジュニア，そしてポスト団塊ジュニア
学校卒業時の景気で人生が決まる
溶けない氷河　残り続ける世代効果
親と子の世代が仕事を奪い合う皮肉な構造
次世代と仕事を分かち合ったオランダ
片働き社会から脱却できなかった日本
高卒者の場合　世帯の経済力によるハンディ
進路ルートから漏れていく若者たち

保育園だけが子どもの問題ではない

二〇〇〇年代、いよいよ団塊ジュニアが三〇代に入り出す。**戦後一九四七〜四九年の第一次ベビーブーム＝団塊の世代、そして一九七一〜七四年の第二次ベビーブーム＝団塊ジュニアという、これまで通りの結婚や出産のパターンであれば、第三次ベビーブームが起こるはずであった。**

だが第3章で書いた通り、二〇〇〇年には介護保険が開始され、社会の関心はもっぱら高齢者問題に向かい、子育て支援は二の次で、子育てをめぐる環境は十分には整備されていなかった。それだけでなく、より重要なことなのだが、雇用状況はさらに悪化していた。

エンゼルプランの最初の目玉となる「緊急保育対策等五か年事業」は一九九五年度から九九年度まで実施され、二〇〇〇年度から〇四年度までが新エンゼルプランの計画時期に当たっていた。

実際に、保育園整備だけでなく在宅で育児をする親への支援も含めた、さまざまな子育て支援政策が本格的に地域の現場で実施されるようになったのは、二〇〇〇年代の半ば以降である。しかし、この頃、団塊ジュニアはすでに三〇代半ばになりつつあった。

さらに、地方の現場からすれば、当時の国の補助金は細切れで使いにくいうえに、金額としても不十分であり、しかも全国一律の基準では、地方の実情に合わせた事業実施は難しかった。

事業の熟度や実施レベルも自治体ごとに大きな差があった。第3章でも実例を出したように、待機児童対策や保育園整備にとどまらない、より幅広い子育て支援という新しい事業の意義や目的を理解できている担当者は多くなく、財源も人手も不足していた。

また、保育園は、つくればつくるほど運営費がその後の大きな負担となって、自治体の財政の硬直性を高める。だが、**子どもに必要な施策は保育園だけではない**。

近年、児童虐待のニュースが大きな注目を集めているが、児童相談所の職員の増員や子どもを保護した後の親子関係の修復支援、親へのていねいなカウンセリングも欠かせない。交替で二四時間呼び出しの緊急携帯を持つ児童相談所の職員も疲弊していた。当時の現場は、在宅訪問の際に、親からの暴力に備えて防刃チョッキを身につけるかどうかが議論になるような状況だった。

そして、より**根本的な解決のためには、親が経済的に安定するような就労支援が必要だと思われたが、それは児童福祉を超えた仕事であった**。このように、一口に子どもの問題と言っても、行政のタテ割りの枠を超えた連携が必要なのだが、いまだにそれは実現していない。

もちろん**待機児童問題は多くの人にとって深刻だが、それは子育てをめぐる多くの問題の一つなのである**。

筆者は、行政で働いて初めて子どもをめぐる状況の深刻さと問題の広がりに気づいたのだった。カラオケボックスや寒空の公園に子どもが置き去りにされる。また、就学前健診に来ないので家庭訪問したところ、押し入れの中で育てられていて、自分の名前すら言えないような子どもが発見されることもあった。「世の中の底が抜けているのではないか」と思ったほどである。

一方、**子育て支援全般を充実しようとしても、子ども関係の予算のほとんどを保育園の整備費や運営費に取られてしまうという現実**もあった。

二〇〇〇年代後半になってようやく、保育園整備以外の子育て支援や若い世代への支援の必要性が理解されるようになり、子育て関係の恒常的な財源を確保しようという動きが活発になってきた。狭義の子育て支援だけでなく、働き方などさまざまな社会の仕組みの改革の必要性や若い世代の不安定な雇用状況が問題だという認識が広がり出したのもその頃からである。

そして、第三次ベビーブームは来なかった

この間、育児休業制度が改善され、育児休業給付金の引き上げや育児短縮勤務制度が導入されるなど、子育てと仕事の両立環境の整備は続いた。だが、実際に**こうした充実した制度の恩恵を受けられるのは、正社員だけだった。雇用が不安定な非正規で働く若者、特に女性の非正規化が進んでおり、制度を利用できる女性は限られていた。**同じ雇用者でも、正規・非正規でさまざまに分断され、さらに未婚率は上がって出生率は下がり、出生児数は減り続けた。

二〇〇八年のリーマンショック後の派遣切りは深刻だった。この年の大晦日から年明けまで行

われた**失業者を支援する年越し派遣村のニュースは、社会に大きなインパクトを与えた。多くの人々は、就職氷河期に取り残された若者たちが、安定した仕事に就けないままでいる現状を目の当たりにした。**ようやく社会は、若者の雇用の不安定化が未婚率を上昇させ、少子化を引き起こしているのではないか、と気づいたのである。

その後、二〇〇九年九月に民主党への政権交代が起こったが、その間に団塊ジュニアは三〇代後半に差しかかりつつあった。民主党政権では、子ども手当や子ども・子育て新システム（後の支援新制度）の議論が始まったが、認定こども園など制度の詳細をめぐる議論に時間をとられていた。

そこに二〇一一年三月、東日本大震災が起こった。多くの命が失われたうえ、その後も続く原発問題などで政治の安定性が失われる中、一二年末、再び自民党へと政権交代が起こり、第二次安倍政権が発足する。

新政権は民主党政権時代の施策の否定から始まった。たとえば、児童手当は民主党政権では子ども手当になり、再び児童手当に名称が戻った。国民にも理解しにくいだけでなく、行政の現場でもそれに合わせて書類や担当課の名称の変更が必要になるなど、本質的でないことに現場の力が取られてしまう。それが自治体の行政の現場に、どれほどの実務コストをかけるかはお構いなしだった。少子化の危機感を社会に広め、将来ビジョンを明確に示しつつ、財源も踏まえた包括的・整合的な次世代育成の政策論は、結局どの政権でも深まらなかった。

そして二〇一五年、**団塊ジュニアは全員四〇代となった。結局、第三次ベビーブームは来ないままであった。**日本は、二〇〇〇年代の間に状況を変えることはできなかったのである。

なぜ団塊ジュニア世代は子どもを産まなかったのか、もしくは産めなかったのだろうか。その背景を探ってみよう。

破綻した「学校と職業の接続」

エンゼルプランが始まった同じ時期に、足元では大きな雇用状況の変動が起こっていた。**バブル崩壊による若者の雇用状況の急速な悪化である。この一九九三年から二〇〇五年にかけて学校を卒業し、深刻な就職難に直面した世代を就職氷河期世代という。**ちなみに一九九四年の流行語大賞で審査員特選造語賞に選ばれたのは「就職氷河期」であったが、若者の就職難はその後一〇年以上にわたって続いた。

一九九〇年代に始まった若者の雇用の激変や非正規雇用者比率の増大が、社会に深刻な状態をもたらす、と予想していた人は、当時はほとんどいなかった。

組織に縛られず自由に生きるためにあえてアルバイトを選ぶ「フリーター」という、一九八〇年代のバブル期に形成されたイメージがまだ強く社会に残っていた。就職がうまくいかず、アル

表 4-1　若者雇用をめぐる事象や対策の推移

1986 年	• 労働者派遣事業制度化 • バブル経済始まる • 積極的フリーター
1989 年	• 平成始まる
1990 年	• 1.57(1989 年の出生率)ショック
1991 年	• バブル崩壊
1992 年	• 『就職ジャーナル』"就職氷河期" 掲載
1993 年	• 就職状況悪化(有効求人倍率は 1993〜2005 年で 1 を下回る) • 1992 年に 2.41 倍だった大卒求人倍率が 1.91 に
1994 年	• 「就職氷河期」が流行語大賞審査員特選造語賞に
1995 年	• 日経連から『新時代の「日本的経営」』発表
1996 年	• 大卒求人倍率 1.08
1997 年	• アジア通貨危機 • パラサイトシングル • 北海道拓殖銀行経営破綻 • 山一証券倒産
1998 年	• 日本長期信用銀行経営破綻 • 『社会的ひきこもり』出版
1999 年	• 第 9 次雇用対策基本計画に若年者雇用対策が入る • 派遣適用対象業務を原則自由化(ネガティブリスト化)
2000 年	• 大卒新卒求人倍率が 0.99・やむを得ず非正規になる雇用者増大
2003 年	• 若者自立・挑戦プラン策定 • 大卒就職率最低になる • 製造業務への労働派遣解禁
2004 年	• 『ニート――フリーターでもなく失業者でもなく』出版 • ジョブカフェモデル事業始まる
2005 年	• 若者自立塾開始(2010 年事業仕分けで廃止)
2006 年	• NHK ドキュメント「ワーキングプア」放映 • ネットカフェ難民 • 地域若者サポートステーション・モデル事業開始(15〜34 歳対象)
2008 年	• リーマンショック
2009 年	• 年越し派遣村で年が明ける • 内定取り消し • 地域若者サポートステーション対象年齢 39 歳まで拡大
2010 年	• 子ども・若者育成支援推進法施行 • 新卒応援ハローワーク開設
2012 年	• わかものハローワーク開設 • 日雇い派遣原則廃止 • 通算 5 年を超える有期契約の無期限転換ルール導入
2013 年	• 生活困窮者自立支援法 • 子どもの貧困対策推進法制定
2015 年	• 若者雇用促進法・企業のより詳細な情報の公開・ユースエール企業の認定 • 派遣へのキャリアアップ措置・雇用安定措置
2018 年	• 地域若者サポートステーション・一部拠点で対象年齢 44 歳まで拡大
2019 年	• 平成が終わる

バイトにならざるを得なかった者も、「好きで選んだ」と誤解されていた。

実際には、一九九〇年代以降、「新卒一括採用で学校から安定した職業に移行する。そして企業が職業訓練を与え、若者を社会人として育てる」という「学校と職業の接続」ルートは綻びつつあった。だが、バブル崩壊後のあまりに急速な変化のただ中で、いったい何が起こっているのか社会全体が把握できていなかった。日本の経済・雇用構造が本格的に変動していたのだが、人々はとにかく目の前の不況を乗り切るのに必死だったのだ。今を我慢して乗り越えればいずれ景気もよくなり、若者の雇用も含め、さまざまな問題は解決されると考えていた。

表4-1には、一九八〇年代以降の若者をめぐるさまざまな事象や対策について、時系列でまとめてみた。就職状況の悪化は一九九三年頃から始まるが、九〇年代には若者への支援はほとんど実施されていない。むしろ**「パラサイトシングル」や「ひきこもり」といった言葉が独り歩きし、安定した仕事に就けないのは若者個人の責任であると捉えられていた。**

それまでの「新卒採用で会社に就職する」というルートがあまりに当然視されていたため、そのシステムが壊れていることを認識することも難しく、また、どう対処すればいいのかという知恵もなかった。**新卒一括採用から漏れた若者が職業訓練を受け、安定した雇用につながるルートは、当時の日本社会にはなかったのである。**

企業は生き残り、国は滅びる――少子化を招いた「合成の誤謬」

さらに、決定的に日本の雇用構造が変化し始めたきっかけは、一九九五年に日本経営者団体連盟(日経連)が発表した『新時代の「日本的経営」――挑戦すべき方向とその具体策』からである。それはこれまでの日本の雇用のあり方を変えようというものだった。

長期蓄積能力活用型、高度専門能力活用型、雇用柔軟型の三つを効果的に組み合わせた雇用ポートフォリオの導入を提唱し、その後の日本企業の経営に大きな影響を与えた。長期蓄積能力活用型は長期継続雇用を前提に、企業としても働いてほしい、従業員も働きたいという管理職候補になる人たち、高度専門能力活用型は必ずしも長期雇用を前提とせずに、企業の抱える問題や課題に専門的熟練・能力を持って働く人たちである。そして、雇用柔軟型は定型的業務から専門的業務まで、期間に定めのある雇用形態で働く人たちのことである。

簡単に言えば、これは「正社員は幹部候補に限って縮小・精鋭化、その他は高度な専門職でも仕事内容に応じて有期雇用、一般業務は取り替え可能な全面有期雇用」を目指したものである。

個々の企業はグローバル競争の中でコスト削減を迫られ、人件費を削減しようとした。そこで新規学卒採用の停止・縮小や非正規雇用の多様化、教育訓練費の削減、正社員の賃金水準の引き下げなどを図ったのである。

それがさらに**個人消費の冷え込みを招き、需要を縮小させ、デフレ圧力を強めるという悪循環を生み出し、日本の経済は落ち込んだ。**人件費カットの流れの中で、非正規雇用者比率が上がるだけでなく、最近になるまで労働者の平均賃金は下がり続けた。

企業は生き残りに必死だった。だが、これが深刻な合成の誤謬をもたらした。若者が安定した職に就けず、働いても収入が低ければ、結婚・出産は難しい。**個々の企業は当面は生き残ったかもしれないが、少子化はいっそう進み、社会の未来が脅かされることになった。**

「パラサイト」「ひきこもり」が覆い隠した雇用の劣化

だが、就職氷河期の当初、多くの人々はそのことに気づいていなかった。**いずれ景気が回復すれば若者の雇用問題は解決すると楽観視していたし、何よりこの「失われた時代」が二〇年も長引くとは思っていなかった**のである。

また、正規雇用者と非正規雇用者が働く職場は分断されていた。正規雇用の人々が、非正規の若者がどういった状態で働いているかを知ることも少なかった。**当時、社会的発言力のある多くの人々は若者を非正規化することによって守られた、正規雇用者側にいた**からである。

だが**就職氷河期は若者を直撃**した。一九九四年・九五年と新卒者の就職状況は悪化の一途であった。新卒一括採用が主流の日本では、新卒時に就職できなければ、その後大きなハンディを背負う。しかも、既卒で就職をしようにも、一九九三年からは有効求人倍率は一を切っており、さらに就職は難しい状況だった。今のように「既卒者も卒後三年目までは新卒と同じように採用すること」といった方針も示されていなかった。

ところが皮肉なことに、**社会学者の山田昌弘が一九九〇年代前半の調査を基に「親に基本的生活を依存しリッチに暮らす未婚者」を「パラサイトシングル」という言葉で問題提起したのは一九九七年**であった(本の出版は一九九九年)。

この言葉は未婚化の背景にある要因として一世を風靡する。**山田が取り上げたのはバブル期に学卒者となり、安定した職に就いた若者、つまりバブル崩壊の影響は受けていない人たちの一九九〇年代初頭の姿だったのだが、それが九〇年代半ば以降の就職氷河期で正規の職に就けず、低い収入であるがゆえに、親と同居していなければ暮らしていけない若者の状況と混同された。**

だが、一九九七年はアジア金融恐慌を発端として、北海道拓殖銀行や山一証券など大企業の倒産・破綻が相次いだ年であった。就職氷河期どころか、超就職氷河期とまで言われた時代が始まりつつあり、現実には大卒・高卒無業やアルバイトで社会に出る若者が増大していた。そこに、当時の若者の現実とはかけ離れた「バブル期に就職した優雅で自由なパラサイト」という若者像が広がって、現実を覆い隠したのである。

さらに**「ひきこもり」という言葉も広がり、「その気になれば働けるはずの若い者がなぜ働き**

もせず家にいるのか」という誤解を生んだ。ひきこもりになる背景はさまざまで、不登校からという人もいれば、学校でのいじめや就職活動の失敗、就職難の中で劣悪な状況で若者を働かせる会社も増え、就職してから心身を病んで仕事を辞めてしまった人などもいた。しかし、そういった背景は理解されず、「甘えている」と誤解され、若者問題に対する社会の感度を下げてしまった。

若者問題が政策的に重視されるようになったのは、大卒者の就職率が最低になった二〇〇三年の「若者自立・挑戦プラン」からだが、これにしても当初は「若者のキャリア意識を育成する」といった、主に本人の自覚を求めるものだった。

直接的な若者への支援事業が始まるのは二〇〇〇年代半ば以降で、さらにそれが全国的に広がるのはリーマンショックの後の二〇一〇年代に入ってからである。この時にはすでに団塊ジュニアは三〇代後半になっていた。

三四歳以下の世代に特化した就労支援、ジョブカフェのモデル事業が始まったのは二〇〇四年である。さらに、ひきこもりなどで、すぐに職探しができる状況ではない人を対象とした地域若者サポートステーション事業は二〇〇六年に開始された。

しかし最初はモデル事業としての展開で、すぐには全国に広がらなかった。筆者が二〇〇六年度に横浜市に新設される子ども青少年局発足に合わせて、若者就労支援を施策の柱の一つにしようと、地域若者サポートステーションのモデル事業を始めた時も、「市の仕事は青少年の健全育成のはず。働いてもいない若者をなぜ支援する必要があるのか」と言われたものである。それほどまでに、若者雇用問題は個人の責任だと考えられていたのだ。

非正規にしかなれない現実

その後、バブル崩壊後の若者の調査を基に、二〇〇四年に山田は著書『パラサイト社会のゆくえ』を出す。その中で、親との同居未婚者の姿が変容しており、**同じパラサイトでもバブル崩壊以降のパラサイトは「正社員にもなれず、自立したくても自立できない貧乏パラサイト」である**と述べている。なりたくとも正社員にもなれず、自立したくとも親元から出る経済力もなく、とても結婚などできない。そういった若者が一九九〇年代後半から増えていたのである。そして、初職が非正規という若者は増えるばかりであった。

図4-1には、最初についた職が非正規だった者の割合を掲載している。

一九九二〜九七年のバブル崩壊後には初職が非正規の男性は一〇・三%、女性は二四・六%であった。さらにそれはその後も上がり続け、一九九七〜二〇〇二年には男性一六・〇%、女性三五・一%になる。二〇〇七〜一二年にかけては、男性一九・九%、女性三九・五%となっている。二〇一二〜一七年にかけては人手不足によって就職状況が改善しているはずだが、それでも男性は二

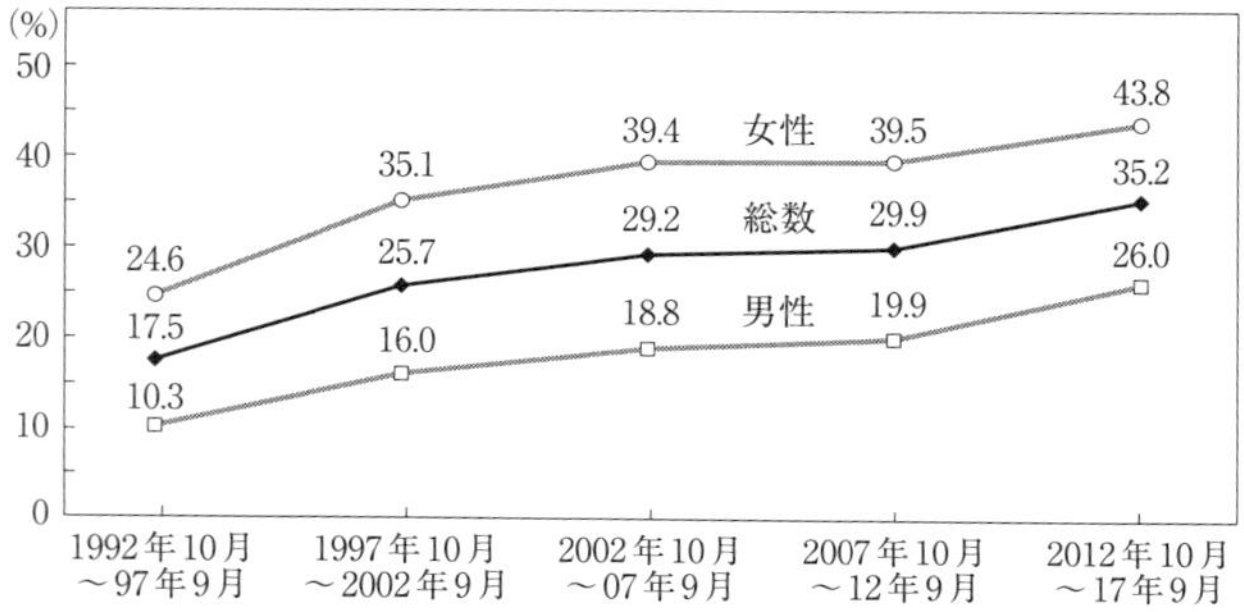

注：初職就業時に「雇用者(役員を除く)だった者に占める非正規の職員・従業員」の割合
初職とは，最初に就いた仕事のことである．ただし，通学の傍らにしたアルバイトなどは，ここでいう最初に就いた仕事には含まれない
資料：総務省統計局(2017)「平成29年就業構造基本調査」第127表より筆者試算

図4-1　非正規の職員・従業員として初職に就いた者の割合

六・〇％、女性は四三・八％である。実に**男性のほぼ四人に一人、女性の約半分が、初職が非正規**となっている（「平成二九年就業構造基本調査」）。

初職が非正規の人は、職業訓練も十分に受けられないなど、職業生活のスタートから大きなハンディを背負う。非正規から正規に移行できるのも、女性より男性、高卒より大卒が有利というように、性別や学歴でさらに差がつく。**安くて便利な労働力として非正規で若者を雇い続けると、十分な職業訓練を受けられないため、職業能力を高められず、のちのち雇用の安定しない低収入の中年層を生み出すことになる。**

厚生労働省による非正規で働いている人への調査では、非正規雇用で働く理由は、次のようになっている。

二〇一〇年の調査では、「正社員として働ける会社がなかった」を選んだ人が、三五〜三九歳の男性で四三・〇％、女性一七・六％。三〇〜三四歳では男性の三八・八％、女性の二八・六％、二五〜二九歳では男性四一・五％、女性三〇・二％である。

二〇一五年のデータ（総務省統計局「労働力調査・詳細集計」）でも「正規の仕事がないから」と答えた人が、一五〜二四歳では男性の三七・五％、女性二四・一％、二五〜三四歳では男性四〇・〇％、女性一九・四％である。

この**不本意非正規の人の数を一五〜三四歳まで合計すると、男性で五一万人、女性で四八万人**となる。（二〇一七年には、人手不足の影響からか、不本意非正規の人の比率は少し減り、人数も一五〜三四歳の男性で四〇万人、女性で三九万人となっている。）

見えない「もう一つの社会」

恥ずかしながら筆者も雇用の劣化に気づいていなかった。自分自身、一九九〇年代半ば以降、再就職して子どもを育てながら働くのに必死だった。

雇用の激変による人々の暮らしの不安定化と、その結果何が引き起こされるかを目の当たりにしたのは、二〇〇三年に横浜市役所で仕事を始めてからだった。

親による子の虐待の背景には「親に非正規で低所得の仕事しかなく、親の経済的・精神的な不

安定さが子どもに向かう」ことや、**「雇用契約切れで宿舎を追い出されて、横浜まで流れてきた親子のホームレスを保護した」ことなどを職員が教えてくれた**のである。

ある児童養護施設出身の若者が、東京で働いていたが勤め先が倒産して、寮も閉まり持ち金も尽き、帰る家もないため、横浜の施設を頼りに、残った最後の一〇円で公衆電話から「今から行っていいいか」と電話をかけ、徒歩で帰り着いたということもあった。だが「まだ横浜の児童養護施設出身だから戻れたが、東北など地方の出身では、金が尽きれば東京から戻ることもできない。また児童養護施設にいい思い出がなく、二度と関わりたくないという者もいる」という。

健康で仕事もあり、家族もいるような人は市役所に用事などない。せいぜい住民票や印鑑証明を取りに来るぐらいで、行政の存在意義など考えたこともないだろう。だが、あの**役所のカウンターの向こうには、別の社会が広がっている**。私がこれまで見てきた世の中など、ほんとうの世の中の半分でもないのだ、ということを思い知らされる毎日だった。

また「就職活動がうまくいかず、社会から否定されたと思い、家から出られなくなった」「ろくに新入社員教育もない中で、たくさんの仕事を任され、心身を壊した」といった若者たちにも出会った。筆者の目から見れば、ごく普通の優しい若者たちが、なぜ就職できなかったのか、やっと就職した職場でなぜこれほどにも疲弊するまで働かされたのか、なぜ自分の心が壊れるまで働かなければならなかったのか、驚くばかりだった。

間に合わなかった支援

やはり二〇〇〇年代初頭、ある大手の宅配会社の人が、深夜の荷物の集荷センターの業務について教えてくれた。周辺から集められた荷物はいったん集荷センターに集められ、夜中の間に発送地域別に仕分けされ、それぞれの方面に向かうトラックに積み込まれる。そして、朝早くそのトラックがさらに全国各地の配送センターに荷物を届ける。配送方面別に荷物を仕分ける業務は、トラックが荷物を集めて帰ってくる夜から、翌朝出発するまでの真夜中に行われるという。

「人手は集まるのですか?」と聞くと、昼間の配送よりも多く人が集まるという。夜中の方が時給が高いからだけでなく、時間単位で自分の勤務時間が決められるため、他の仕事が終わってから、あるいは他の仕事の出勤前にできるからということであった。中には子どもが家で寝ている間にと、朝三、四時から七時過ぎまで働く若い母親もいると教えてくれた。

つまり、「非正規で、食べていくためにいくつも仕事をかけ持ちしなければならない人や、正社員でも給料が足りずに他の収入が必要な人には、真夜中の集荷センターは好都合の仕事」だったのだ。

今では考えられないほど、人手余りで人々は安い報酬で働いていた。さらにコンビニに納めるお弁当や総菜パンを作る二四時間操業の工場のラインでは、高齢の日本人と外国人労働者が働いていた。普通に暮らす人々から見えないところで多くの人が働いていたのだ。それはまだ、ワーキングプアという言葉が広く世間に知られるようになる前の時代であった。

しかし、**社会が、若者の雇用問題は若者の自己責任ではなく、社会の構造的な歪みが生み出したものだと理解するには、リーマンショック後の内定取り消しや若者の過労死・過労自殺のような、むごい事例が起こるまで待たなければならなかった。**

あらためて表4-1を見ていただきたいが、二〇一〇年からは卒業後三年目までの若者を支援する新卒応援ハローワークが開設され、一五年には若者雇用促進法が施行されるなど、近年の若者就労支援は充実しつつある。新卒学生が無業や非正規雇用のままでいると何が起こるのか、という問題を目の当たりにして、やっと社会は若者に支援を始めた。だが、**これらの支援は一九九〇年代から二〇〇〇年代の新卒者であった就職氷河期世代には間に合わなかった。**

皮肉なことに、若者就労支援が充実し出したここ数年は、少子化による人手不足が顕在化して新卒採用は売り手市場である。非正規の正規化も進んでいるというが、それがほんとうに処遇改善や安定した雇用状況につながるかどうかは、まだ未知数である。

日本の不運　失われた二〇年と団塊ジュニア、そしてポスト団塊ジュニア

団塊ジュニアは、各年齢で一〇〇万人前後の出産可能年齢の女性がいる最後の世代であった。

この世代の未婚率が高く、あまり子どもが生まれなかったことが、少子化の進展をいっそう早めることとなった。これは日本にとって不運なめぐり合わせだった。

かれらが就職・結婚・出産などを迎える年代である二〇代から四〇代にかけての二〇年間は、まさに日本にとっての失われた二〇年でもあった。それは日本が経済的な勢いを失ったというだけでなく、**目先を乗り切るために若者を犠牲にした二〇年**だった。若者の雇用の安定を脅かし、未婚率を上昇させて少子化をいっそう促進し、日本社会の持続可能性の土台を崩した二〇年でもあった。**若者の未来を奪うことは、社会の未来も奪うこと**だったのだ。

団塊ジュニアは一九七一～七四年生まれであり、現役で大学を出た場合、九三～九六年卒に当たる。バブル崩壊後すぐに就職状況が悪くなったわけではない。だが、無業やアルバイトで卒業する者が卒業生の一〇%を超え、一三%となったのは一九九四年で、九六年にはこの比率は約一七・七%である。また、その後さらに雇用状況が悪くなったため、新卒一括採用が主流の日本において、大卒無業で卒業した既卒者が、その後、「正社員でかつ雇用条件のいい仕事」に就けた可能性はあまり高くないと思われる。

そして、かれらが二〇代半ば頃には、アジア通貨危機（一九九七年）などの金融恐慌が起こり、九〇年代後半には大企業も倒産しリストラも行われた。その後、さらに若い世代の雇用は不安定化し、将来の展望が描けないままだった。**二〇〇〇年代前半には、大卒者の約四人に一人が無業**

かもしくはアルバイトの状態で卒業している（この世代は二〇二〇年には、三〇代後半から四〇代前半になる）。大学を出ても安定した職に就けない、という不況が日本を覆っていた。この時期は日本の合計特殊出生率も毎年低下し、団塊ジュニアがちょうど三一〜三四歳であった二〇〇五年には、一・二六と過去最低を記録している。将来の展望が見えない時には、結婚や出産に踏み切りにくいのは当然だろう。

この後、二〇〇〇年代半ば以降、景気は持ち直すかと思われたが、それもつかの間、**団塊ジュニアが三〇代半ばの頃にはリーマンショック（二〇〇八年）に襲われた。**団塊ジュニア世代とそれ以降の二〇〇〇年代半ばまでの新卒者は、日本の産業や経済の構造が大きく転換していく中で、企業の雇用方針の変化に翻弄された世代でもある。これが、一九七九年の「ジャパン・アズ・アンバーワン」から一五年もたたずに始まったことである。

学校卒業時の景気で人生が決まる

就職氷河期も後期となり、さらに雇用状況が悪化した時期に大学を卒業したポスト団塊ジュニア世代も、まだ人口の多い世代であった。一九七五年の出生人数は約一九〇万人となり二〇〇万人を下回り、毎年出生人数は減少した。だがそれでも、一九七九年は出生人数が約一六四万人と一六〇万人を上回った最後の年であった。

表 4-2　各年の大学卒業生に占める「就職も進学もしない者」と「一時的な仕事に就いた者」の人数推移

卒業年	卒業生数	①就職も進学もしない者	②一時的な仕事に就いた者	①と②を足した者が卒業生全体に占める割合	2015 年の年齢（「国勢調査」実施	卒業時の状況（2020 年の年齢）
1992	437878	25107	3941	6.6%	45 歳	プレ氷河期（50 歳）
1993	445774	31766	5434	8.3%	40～44 歳 団塊ジュニア世代（41~44 歳）	前期就職氷河期（44~49 歳）
1994	461898	52254	7709	13.0%		
1995	493277	67844	9280	15.6%		
1996	512814	80366	10514	17.7%		
1997	524512	79936	10738	17.3%		
1998	529606	81711	11957	17.7%	35～39 歳	
1999	532436	105976	16023	22.9%		後期就職氷河期（37~43 歳）
2000	538683	121083	22633	26.7%		
2001	545512	116396	21514	25.3%		
2002	547711	118832	23205	25.9%		
2003	544894	122674	25255	27.1%	30～34 歳	
2004	548897	110035	24754	24.6%		
2005	551016	97994	19507	21.3%		
2006	558184	82009	16659	17.7%		雇用回復期（34~36 歳）
2007	559090	69296	13287	14.8%		
2008	555690	59791	11485	12.8%	25～29 歳	
2009	559539	67894	12991	14.5%		ポストリーマンショック（29~33 歳）
2010	541428	87174	19332	19.7%		
2011	552358	88007	19107	19.4%		
2012	558692	86566	19569	19.0%		
2013	558853	75928	16850	16.6%	20～24 歳	
2014	565673	68484	14519	14.7%		人手不足（25~28 歳）
2015	564035	58102	11730	12.4%		
2016	559678	48866	10184	10.6%		
2017	567763	44182	9183	9.4%		

注：このほかに就職，大学院への進学者，不詳・死亡や臨床研修医などがいる
資料：文部科学省「学校基本調査」より筆者作成

表4-2には、大学の各卒業年ごとに卒業生数を掲載するとともに、①就職も進学もしない者、②一時的な仕事に就いた者(アルバイト・パートなど)、①と②を足した者が卒業生全体に占める割合と、国勢調査が実施された二〇一五年時点の年齢と卒業時はどういった時期だったか(二〇二〇年の年齢)もまとめている。

一九九三〜二〇〇五年までに大学を卒業した二〇一五年時点で三一〜四四歳(二〇二〇年には三七〜四九歳)の年齢層、つまり**団塊ジュニアとポスト団塊ジュニア、そしてそのあと数年の世代まで、就職氷河期にすっぽり入っている**ことがわかる。

新卒一括採用が主流の日本では、学校卒業時の景気で就職ができるかどうかが大きく左右される。就職氷河期世代の中には新卒時に就職できず、非正規の仕事を渡り歩いて四〇代に入りつつある人も少なくない。就職氷河期世代は安定した雇用を得られず、家族を形成するには大きなハンディを背負っていた。

この団塊ジュニアから始まって、**一〇年以上にわたる就職氷河期世代が安定した雇用に就けなかったこと、さらにその後の結婚や子育てなどを支援する環境が整備できなかったことが、日本の少子化を進行させた大きな要因**である。

溶けない氷河　残り続ける世代効果

それでは同じ世代でも正社員になった人は恵まれていたのだろうか。連合総研の研究会による就職氷河期世代の賃金の調査がある（連合総合生活開発研究所『新たな就職氷河期世代を生まないために』）。

これは、厚生労働省の「賃金構造基本統計調査」に基づいて、バブル世代に重なるプレ氷河期世代で二〇一〇年に四〇～四四歳だった大学・大学院卒の人の現金給与額（男女計月額）と、団塊ジュニアである二〇一五年に四〇～四四歳になった人の給与を比較することで、二〇一〇～一五年の五年間にどのように変化したかを見ている。

プレ氷河期に比べ、就職氷河期世代の月額給与は約二万三〇〇〇円も低くなっている。さらに二〇一五年に三五～三九歳（ポスト団塊ジュニア）であった後期就職氷河期の人は、前期就職氷河期世代が三五～三九歳であった二〇一〇年時に得ていた給与よりさらに四三〇〇〇円低い。その下の世代の賃金は、ポスト団塊ジュニア世代より伸びている。しかし、伸びているとはいえ、団塊ジュニアとポスト団塊ジュニア世代がプレ氷河期世代より下がった分を取り戻すほどではない。**就職氷河期世代は正規職に就けなかった人が多いだけでなく、正規になった人でも、賃金がそれ以前の世代より低い**のである。

新卒時の就職状況の悪さが、そのままその後もずっと年収格差などに反映されることを「世代効果」という。就職氷河期世代はそれまでの大卒が就職していた企業より、小さい規模の会社へ就職する割合が高く、そもそも待遇のいい大企業には入れなかった。入社しても上にはバブル期採用の年長社員が大勢いるため、ポストにも恵まれなかった。

また、会社は教育訓練費を削り、同期の採用は少なく、上司の助言や十分な教育訓練を受けられないまま仕事をすることになった。さらに不本意な就職が多く、転職を繰り返す人も多かった。そのためその他の世代に比べて、賃金が低くなっている。この就職氷河期が負ったハンディは「溶けない氷河」とも称されている(太田聰一・玄田有史・近藤絢子「溶けない氷河」)。

団塊の世代が七〇代を迎え、本格的な世代交代が起こっている最近は、求人倍率は上がり、非正規労働者の正規化の動きも見られる。しかし、次世代育成の視点から見れば、雇用回復は遅すぎた。**団塊ジュニアとポスト団塊ジュニアは未婚率の高いまま、すでに四〇代になりつつある。**

親と子の世代が仕事を奪い合う皮肉な構造

このバブル崩壊以降の正社員の採用減や非正規雇用者比率の上昇は、考えてみれば皮肉な現実だった。就職氷河期には、まだ団塊の世代が現役であり、バブル時代に大量採用した社員もいた。団塊世代の親たちは、世帯主として子どもたちの学費を賄い、さらに就職できない子どもたちを養うために必死だった。**企業もまた、人件費のコストカットのために正社員採用を減らし、アルバイトやパートを多用して生き残りを図り、すでに組織にいた正社員を守った。企業だけでなく、**

正社員中心の組合も自分たちと家族を守ろうと、それを支持した。だがそれは**社会全体から見ると、自分たちの子どもたち世代の仕事を奪い、その未来を奪う側面も持っていた**のだ。

筆者は二〇〇〇年に、ワークシェアリングや非正規労働者の正規化を調査するために、日本の大企業の組合幹部とともにオランダを訪れたことがある。組合幹部は、同一労働同一賃金やワークシェアリングの意義は認めつつも、それが年功序列賃金で守られている正規就労の男性の賃金をおびやかす可能性があることを危惧していた。

ワークシェアリングを進めることで、非正規の待遇が改善され、正規化が進められるということは、これまで少数の正規社員に配分されていた人件費のパイが減る、つまり正社員の待遇が下がる可能性があるということだ。それは、**大勢のパート社員が安く働くことによって、少数の正規社員の給料が守られている側面もある**からだ。また、日本で多くの主婦がパートで扶養の範囲で働くのは、世帯主である夫が正社員でそれなりの収入がある、ということが前提になっている。

「なぜ正規従業員で構成される組合が、非正規社員の正規化やワークシェアリングを受け入れたのか？」という問いに、オランダの組合幹部の回答は明快であった。

「ひとつには、自分たちの妻だけでなく、息子や娘たちといった若い世代がまともな仕事に就けず、失業している者が大勢いたこと。非正規の人たちが仕事に就いても安く雇われ、ひどい扱いをされている現実を無視できなくなったこと。さらに非正規で安く雇われている人の中には、能力が高く、正規労働者と変わらない仕事ができる人が何人もいた。この状態を放置すれば、いずれ企業は正規雇用者をすべて非正規に置き換えることが予想されたからだ」という答えだった。

次世代と仕事を分かち合ったオランダ

オランダは一九五七年まで既婚女性の就労を禁じる法律があったほど、男尊女卑の強い保守的な国で、世帯主である男性が働いて、家族を養うというのが標準的なライフスタイルであった。だが、それが**失業率の上昇や高騰する社会保障関係費用、非稼働人口の増加で「オランダ病」とまで言われるどん底に落ちたことで、世帯主の男性の賃金だけを守るよりも、次の世代の若者や女性と仕事を分かち合うことを選択し、改革に踏み切った。**

もちろんそこには、造船などの重厚長大産業が次第に競争力を失い、世帯主賃金を払えるほどの産業が失われてきたこと、もはやその分野では若い労働力を吸収する力はなかったこと、さらに金融や新しいサービス産業には、女性も含めて柔軟な労働力が求められたこともある。

そこでオランダでは一九八〇年代以降、福祉改革や雇用形態の柔軟化、パート・フルタイムの相互移動の自由(どちらも正規雇用で、労働時間が違うだけである)、家族へのケア休暇の充実などで、就労形態の多様化を進め、さまざまな人々の就業への参加を推進してきた(水島治郎『反転する福祉国家』)。

片働き社会から脱却できなかった日本

一方日本では、最近になっていよいよ生産年齢人口が減少し、一人でも多くの人に働いてもらわないと多くの社会サービスや産業が維持できないことが明白になり、ようやく非正規の正規化や同一労働同一賃金の重要性が政策課題として取り上げられるようになってきた。ほんとうはオランダのように、三〇年前、いや二〇年前にでも、雇用のあり方を変えていかなければならなかったはずである。しかし、世帯主である男性一人が働いて家族を養うという「片働きモデル」がうまくいっていた時代が、まさに日本経済の黄金期と重なっていたという成功体験のため、なかなか状況の変化に対応していくことができなかった。

しかし、「パートの主体は主婦である。主な家計維持者の夫がいるから、賃金が低くても大丈夫。むしろ扶養の範囲内の収入におさえないといけないのだから賃金は低くていい」という時代、ありあまる人手を安く使う時代は終わってしまったのである。

今や主たる家計保持者でありながら、非正規で働かなくてはならない男女が大勢いる。**このままでは、低収入の非正規雇用者の増加がさらに少子化を招くだけでなく、状況を放置すれば非正規の人たちが高齢者になった時に、満足な年金もなく貧困状態の高齢者が増えることになる。**

繰り返しになるが、目先のコストカットを優先すると、日本の将来に負荷をもたらすことになる。未婚・既婚・男女にかかわらず、それぞれの人が正当に評価され、働くことができる社会、つまり、男性世帯主一人にのみ所得を保障する片働き社会から脱却する必要があるのだ。

政府は今でこそ、非正規の不安定な身分や低収入が結婚への妨げになり、少子化を加速させているとして、同一労働同一賃金の導入など「働き方改革」を打ち出している。だが、それがもう少し早ければ、これほど若者が非正規化し、少子化が進むこともなかったかもしれないのである。

高卒者の場合　世帯の経済力によるハンディ

ここまでは世代での違いをわかりやすく把握するために、主に大卒者を取り上げて分析してきたが、高卒者についても見てみたい。

団塊ジュニアの高卒世代はバブル崩壊前に卒業しており、就職は比較的容易であったと思われる。しかしその後、生産現場の海外移転が進んでおり、継続して安定した仕事に就けているかどうかはわからない。

たとえ職場が残っていたとしても、高校新卒就職者の五割は三年以内に初職を辞めてしまう。若者への就労支援が今ほど充実していなかった一九九〇年代に、雇用状況が毎年悪化する中で、若者たちがどうすれば安定した仕事に転職できたか、想像するのは難しい。

それではバブル崩壊前後の高卒者の就職状況を見てみよう(**表4－3**)。

表 4-3　高卒者の進路状況

年	卒業生数	高卒者の大学進学率	高卒者の就職率	①就職も進学もしない者	②一時的な仕事に就いた者	①と②を足した者が卒業生全体に占める割合	高卒者の2020年の年齢
1992	1807175	32.7%	33.1%	85100	この期間は①に含まれている	4.7%	45歳
1993	1755338	34.5%	30.5%	91756		5.2%	40～44歳
1994	1658949	36.1%	27.7%	106696		6.4%	
1995	1590720	37.6%	25.6%	112510		7.1%	
1996	1554549	39.0%	24.3%	116749		7.5%	
1997	1503748	40.7%	23.5%	115013		7.6%	
1998	1441061	42.5%	22.7%	113562		7.9%	35～39歳
1999	1362682	44.2%	20.2%	127341		9.3%	
2000	1328902	45.1%	18.6%	132456		10.0%	
2001	1326844	45.1%	18.4%	129875		9.8%	
2002	1314809	44.8%	17.1%	137902		10.5%	
2003	1281334	44.6%	16.6%	132246		10.3%	30～34歳
2004	1235012	45.3%	16.9%	92620	27001	9.7%	
2005	1202738	47.3%	17.4%	78870	22854	8.5%	
2006	1171501	49.3%	18.0%	66364	19231	7.3%	
2007	1147159	51.2%	18.5%	59928	16355	6.6%	
2008	1088170	52.8%	19.0%	53698	12859	6.1%	25～29歳
2009	1063581	53.9%	18.2%	54590	13589	6.4%	
2010	1069129	54.3%	15.8%	59582	15553	7.0%	
2011	1061564	53.9%	16.3%	56824	14994	6.8%	
2012	1053186	53.5%	16.8%	51768	13883	6.4%	
2013	1088124	53.2%	17.0%	53812	13621	6.2%	
2014	1047392	53.8%	17.5%	47661	11956	5.7%	20～24歳
2015	1064376	54.5%	17.8%	46496	9615	5.3%	
2016	1059266	54.7%	17.9%	45783	8397	5.1%	
2017	1069568	54.7%	17.8%	50315	7794	5.4%	

注：この他に専門学校への進学者などがいる
資料：文部科学省「学校基本調査」より筆者作成

一九九二年に新規高卒者への求人数は約一六七万人あったが、その後急落し、九九年には約三六万人、二〇〇〇年には約二七万人となっている。**特に高卒事務系の仕事はなくなり、求人は大卒者へとシフトした**（文部科学省・厚生労働省『「高卒者の職業生活の移行に関する研究」最終報告』）。

最も打撃を受けたのは、地方在住で家計が豊かでない世帯の高校生だったと思われる。首都圏ではその当時でも求人はあり、進学を選ぶ際も学校も多い。だが地方は仕事もなく、進学するには選択肢も少なく、下宿までして進学するにはさらに費用がかかるからである。

高卒者は大卒者と違い、生まれ育った地域で仕事を探すケースが多い。寮でもない限り高卒新人の収入では、一人暮らしできないからだ。さらに高卒者への求人倍率は県によって大きな差があり、住んでいる地域によっては仕事探しで大きなハンディを背負うことになる。

またこの時期は**日本から高卒者の有力な就職先であった製造業が失われた時期でもあり、残った製造業は従業員の非正規化を進めた**。一方、首都圏の東京・神奈川・千葉・埼玉という、仕事がある地域で、なぜか高卒無業者が一九九〇年代以降から一〇％を超えてきていた。それがさらに「若者のわがまま」という印象を強めたと思われる。社会的発言力がある人や政策決定者の多くは首都圏におり、地方の実情は見えにくい。

また、少子化の中で年々大学進学率が上昇し、高卒での就職希望者が少数派になったため、近年の就職問題の中心は大卒者に入れ替わっている。だが、**高卒で就職を目指す者の多くは家計に**

ゆとりがないので、安定した仕事に就くことは必須である。たとえ少数派であっても、若者の人生において、どうやって社会人としての生活をスタートするかは非常に重要である。

二〇〇〇年代から、**大学進学時の奨学金の返済負担が大きな問題になってきたのは、一九九〇年代半ばから高卒求人が減少したので、よりよい職に就くために大学に進学する者が増えたこともある。**特に高卒求人は地方では激減していたため、「アルバイトになるよりは」と無理して大学進学を選ぶケースが増えていたのだ。しかもバブル崩壊以降、親の所得も落ち込んでいた。そして奨学金を借りて大学を卒業したものの、就職氷河期は継続しており、待遇の悪い職や非正規の仕事に就かざるを得ない者もいたからである。

一方で、大学進学率は二〇一七年においても県の差が大きい。東京では高卒者の六五・九％、京都では六六・二％が大学に進学する。だが、沖縄では三九・五％、鹿児島では四三・二％の大学進学率である。

高卒者の場合は、大卒者に比べ、非正規から正規に移行するにもハンディがある。**高卒の就職氷河期世代がアルバイトや非正規で働き続けていた場合、今頃は三〇代後半になっており「中高年フリーター」となる。**

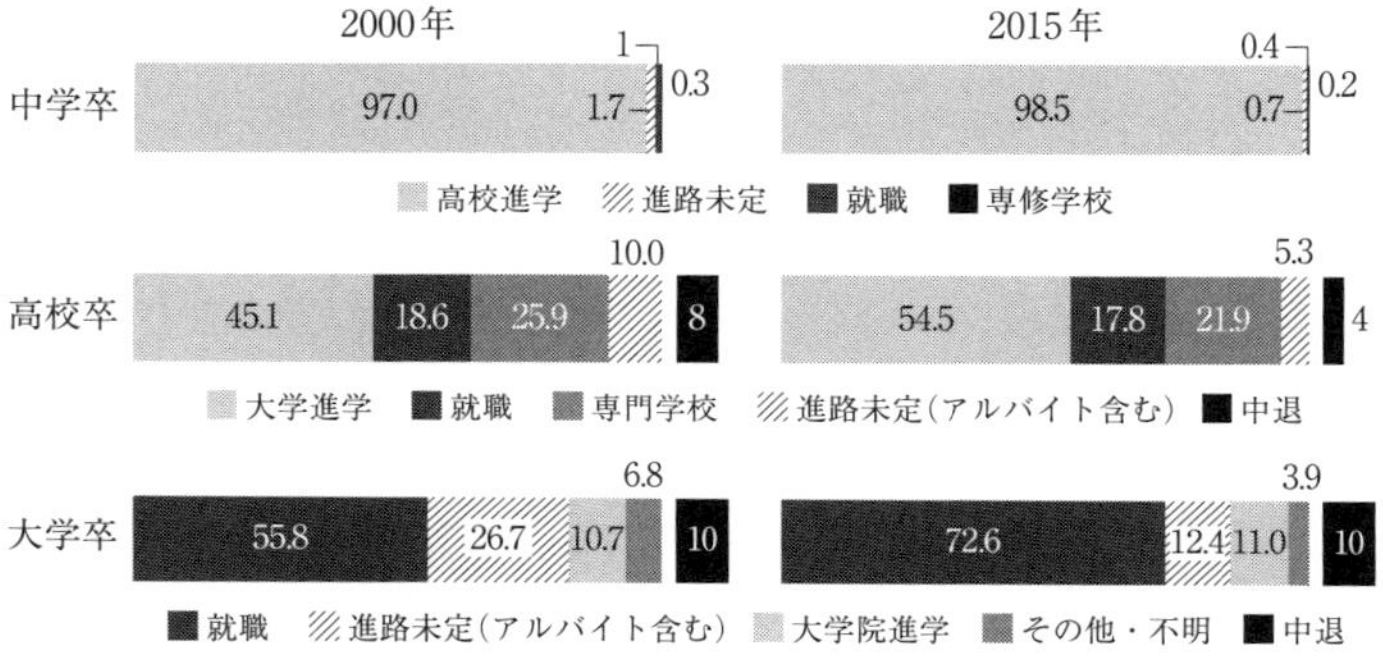

注：専門学校進学には専門課程・一般課程を含む
その他・不明には臨床研修医や海外校進学，不明・不詳を含む
進路は中退を除いた卒業生を100％として，そこに占める割合を筆者が試算したもの
資料：文部科学省「学校基本調査」，「児童生徒の問題行動等生徒指導上の諸問題に関する調査」

図4-2　中学・高校・大学卒業時点の若者の進路

進路ルートから漏れていく若者たち

ちなみに二〇〇〇年と一五年時点での中卒や高卒の若者たちの標準的なルートをたどった場合、若者の進路状況がどうなるかを単純化して図4-2に示してみた。

まずは二〇〇〇年中卒者・高卒者・大卒者がどういった進路をとったかというデータをもとに、もし二〇〇〇年の状況で若者がライフコースをたどった場合どうなるかを見てみよう。義務教育の中学を終えると、約九七％の者が高校に進学する。就職者は全体の約一％であった。**実は二万人強は進学も就職もしていない。**

高校には約九七％が進学するものの、当時は在学中にほぼ八％が中退していたので、高校入学者の九二％が卒業する。この卒業生を一〇〇％とすると、

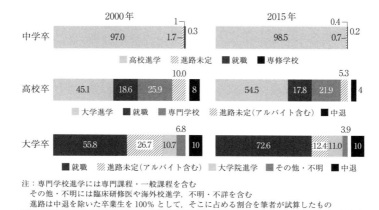

このうち就職が一八・六％、進学も就職もしない者（アルバイトか無職）が一〇・〇％、大学進学が四五・一％、専門学校が二五・九％となる。

一方、大学進学者のうち約一〇％が中退する。ということは、全体で見ると同年代の義務教育修了者のうち、大学を卒業するのは四割弱である。二〇〇〇年には大卒者の五五・八％が就職していたので、大学を卒業し、卒業時に新卒として就職するのは同年代の約二割ということになる。しかも、七・五・三と言われる通り、就職後三年以内に中卒者は七割、高卒者は五割、大卒者は三割が初職を辞める。

ということから見ると、**二〇〇〇年時点の状況で若者が標準的なライフコースをたどったとすると、同年代の若者で大学に進学し、卒業後新卒として就職し、最初の就職先に三年を過ぎても勤め続けているのは、同年代の約六人に一人**ということになる。

二〇〇〇年に大学を卒業した者は、現在四〇代に入りつつある。**順調に大学に進学し、安定した仕事に就いてそれを継続していく、という若者は社会の少数派**だったのだ。実はこれは若者の就職状況が好転した今も変わらない。二〇一五年の状況を同じように見ていくと、やはり大学を卒業し、初職に四年目以降も継続して勤務しているのは同学年の約二六％、約四人に一人となる。

一昔前の大人たちが標準と考えていた若者が社会人になるルートからは、漏れていく若者の方が多いのだ。また、**若者へのさまざまな支援や情報提供の多くは学校経由で実施される**。そのた

め中退者は雇用市場においてハンディを背負っているにもかかわらず、支援にはつながりにくい。

若者が社会に自分の居場所を獲得し、社会人として自立していくためには、つまずいた時にはいくつになってもつながれる多様な窓口、多様な支援が必要なのである。

第5章

若者への就労支援と貧困対策こそ少子化対策である

——包括的な支援が日本の未来をつくる

人口減少は止められるのか

それではどうすればこのすさまじい少子化の進行、無子高齢化を止められるのだろうか。

まず確認しておきたいのは、**今後、出生率が上がったとしても、日本の人口減少はしばらくは止まらない**ということだ。それは、これまで見てきたように、出産可能年齢の女性の人数が減っているからだ。もし**今年出生率が大きく上がったとしても、その赤ちゃんが社会人となるのはほぼ二〇年後**である。人口の動きは大きなタンカーと同じだ。今すぐに人口置き換え水準の二・〇七に合計特殊出生率が回復しても、人口減少が止まるまでには五〇年以上かかる。だが未婚率が上がり出生率が伸び悩んでいる状態が続けば、その見通しも立たない。

そして、**はっきりしているのは、人口減の中では何もかも「今まで通り」は無理だということ**だ。現在の日本社会のシステムはその多くが、人口が増加し続ける前提で設計されている。**今後は、何を優先し何をあきらめるのか、そのうえで縮小する人口規模に見合った「成長」を探っていかなくてはならない。**医療や介護、年金や生活保護などの社会保障制度もタテ割りで議論するのではなく、制度間の整合性をとりながら、どんな社会をつくっていくかというビジョンを持つことが必要だ。

そして、ほんとうに有効な政策をとらなければならない。ムダな「支援」をしている暇はもはやないのである。

ところが実際に行われようとしているのは、またしても場当たり的な施策なのだ。

たとえば、今や日本は空前の人手不足で、食品加工や外食産業などで働く外国人労働者を増やすために二〇一九年四月から新たな在留資格を創設するという。それは日本で安いものを作り続け、便利なサービスを提供するためでもある。

だが、実はすでに留学生や定住者など、さまざまな在留資格で外国人が日本に来ており、二〇一七年末の在留外国人数は約二五六・二万人(三割弱の七三万人が中国人)で、過去最高の人数である。この年の人口は一億二六七〇万人だったので、外国人は日本人口の二%を占めている。二〇一一年の東日本大震災で一時的に減ったものの、その後は加速度的に増え始め、一七年末には前年度に比べ約一八万人も在留外国人が増えている。さらに二〇一八年六月末は二六三・七万人と前年末に比べ六か月間で七・五万人増である。

しかも在住外国人のうち、正式の就労ビザを持っている人は二割にすぎないが、留学生のアルバイトや日本人の配偶者など、約一二八万人の人が日本で就労していると考えられる。

国連の移民の定義は「一年以上外国に居住している人」である。その定義からすると、技能実習生も定住者も移民なのだ。さらに永住権を持つ人は毎年二・五万人前後増えており、それに伴って永住者の配偶者も数千人単位で増えている。**日本は公式には移民を受け入れていないが、もはや事実上の移民受け入れ国となっているのだ**。

だが、実は移民の受け入れは短期的な働き手の確保にはなっても、長期的には人口問題の解決にはならない。それについては、この章の最後で詳しく述べたい。

それでは、まず今後、私たちができること、しなければならないことについて考えてみよう。

婚活支援より先にやるべきこと

結婚しない人が多いから出生率が低下するのだから、「婚活支援」をすればいいだろうと、多くの試みがなされてきた。結婚は誰かに強制されてするものではない。だが、第2章でも見たように、未婚の男女九割近い人が「いずれは結婚するつもり」と答えている。結婚したい気持があるのに現実には未婚率が上がっている。それではどのような支援が有効なのだろうか?

内閣府が二〇一一年に行った未婚男性に対する調査がある(「未婚男性の結婚と仕事に関する意識調査」)。**三〇代前半の男性の「結婚しない理由」は、正社員の場合は「適当な相手にめぐり合わないから」が四七・八%と最も多いが、非正規では「収入が十分でなく結婚後に生活していくためのお金に不安があるから」がトップで、実に四九・〇%となっている**。ちなみに、この「金銭的な不安」を挙げたのは、正社員では一八・六%しかなかった(図5‐1)。

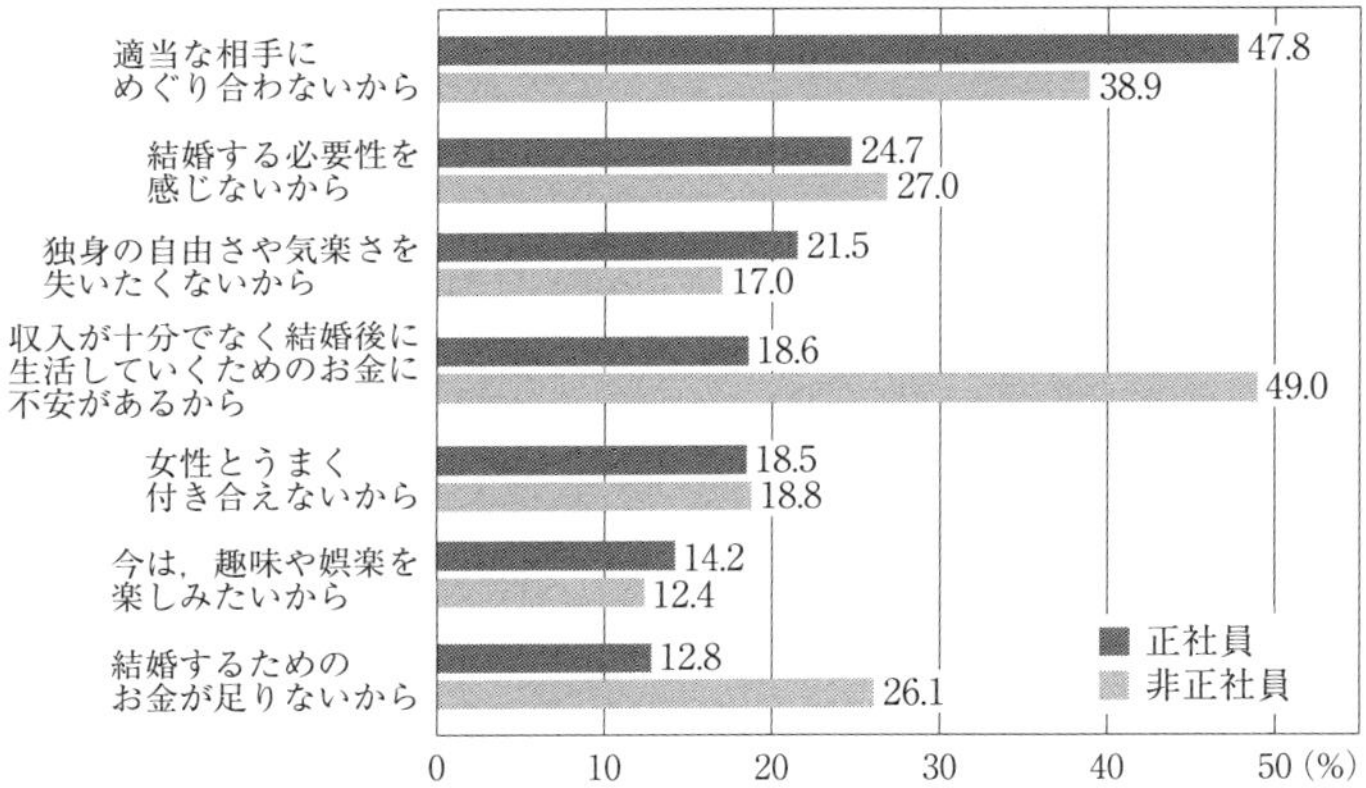

資料：内閣府（2011）「未婚男性の結婚と仕事に関する意識調査」

図 5-1　30代前半男性の結婚しない理由（雇用形態別）

さらに三〇代後半の男性に聞いた「結婚に関して行政に望む支援」では、正社員では「男女の出会いの場の提供」が四一・八％だが、非正規だと「安定した仕事に就くための機会の確保」が突出して多く四七・六％となっている。そして、非正規の人は正社員に比べ「夫婦がともに働き続けることができる環境の整備」や「長時間労働の見直し・改善などワークライフバランスの実現」を挙げる人が多い（図5-2）。ここからは、非正規の男性が、何よりも安定した仕事に就くこと、そして家計を維持するために夫婦で一緒に働き続けられるよう望んでいること、さらに正社員よりも厳しい労働条件で働いていることが見えてくる。

自治体などが取り組む「婚活支援」は、雇用が安定していて経済的な基盤がある人の「出会いがない」問題は解決するかもしれないが、そもそも非正

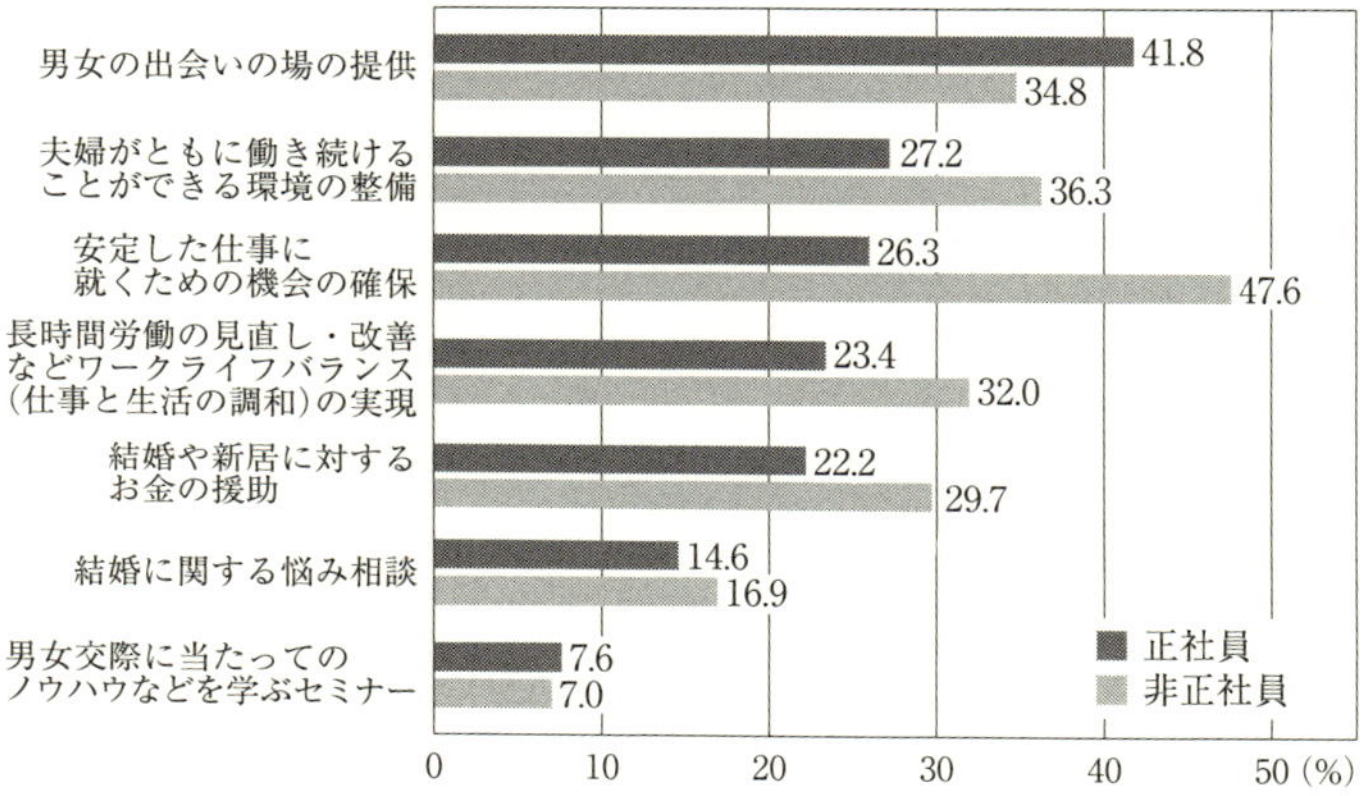

資料：内閣府(2011)「未婚男性の結婚と仕事に関する意識調査」

図 5-2　30 代後半の未婚男性が結婚に関して行政に望む支援(雇用形態別)

規で雇用も経済状況も安定していない人は、「出会い」以前に安定した仕事に就けないことが結婚の障害になっているのである。

また、これは男性だけの問題ではない。第2章で確認したように、非正規雇用が女性にとっても結婚へのハンディになっている。それには二つの要因があるだろう。

非正規の女性は、自分が働き続けられる見込みが低いので、男性一人の収入で世帯を維持できるように高収入の男性を望む。しかし正規と非正規の職場は分断されているので、「適当な相手に出会えない」。さらに、男性の収入もそれほど上昇しない最近では、女性の給与が世帯の大事な収入源となっており、男性側も不安定な雇用の女性を配偶者として選ばない傾向にある。

表 5-1　結婚相手の条件として経済力を考慮・重視する割合の推移

（%）

年	男性			女性		
	重視する	考慮する	計	重視する	考慮する	計
1992	3.4	23.3	26.7	33.6	55.1	88.7
1997	2.8	28.0	30.8	33.5	57.4	90.9
2002	3.2	26.3	29.5	33.9	57.2	91.1
2010	4.0	34.7	38.7	42.0	51.9	93.9
2015	4.6	37.3	41.9	39.8	53.5	93.3

資料：国立社会保障・人口問題研究所（2017）「第 15 回出生動向基本調査」

結婚したいけれど……ずれる理想と予定

一八〜三四歳の男女の未婚者に「結婚相手の条件として重視・考慮するもの」について聞いた「出生動向基本調査」では、男性が女性の経済力を「重視・考慮」をする割合は、一九九二年の二六・七%から二〇一五年の四一・九%へと確実に高くなってきている（**表5−1**）。ちなみに、女性は昔から九割前後の人が男性の経済力を重視している。

同じ調査では、未婚男性が将来のパートナーに望むライフコースについても聞いている（**図5−3**）。専業主婦コースは減り続け、両立コース（出産・育児でも仕事を辞めず一貫して就業する）は増えている。いちばん多いのは再就職コース（出産・育児でいったん仕事を辞めるがその後再就職）で、二〇一五年の調査では、専業主婦は一〇・一%、再就職が三七・四%、両立が三三・九%。つまり、**妻は働く必要がなく自分の収入だけで世帯の家計を維持したいと考えている未婚男性は、約一割しかいないのだ。**

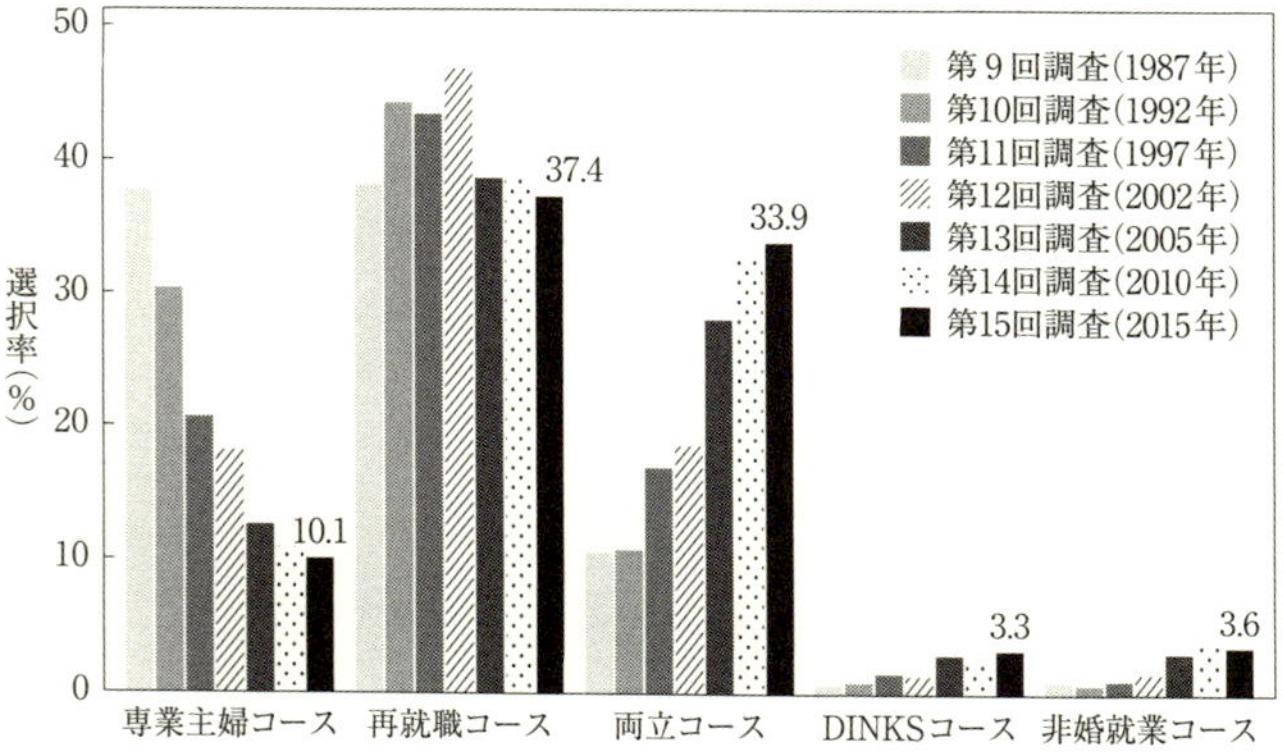

資料：国立社会保障・人口問題研究所（2017）「第 15 回出生動向基本調査」

図 5–3　男性がパートナーに望むライフコース

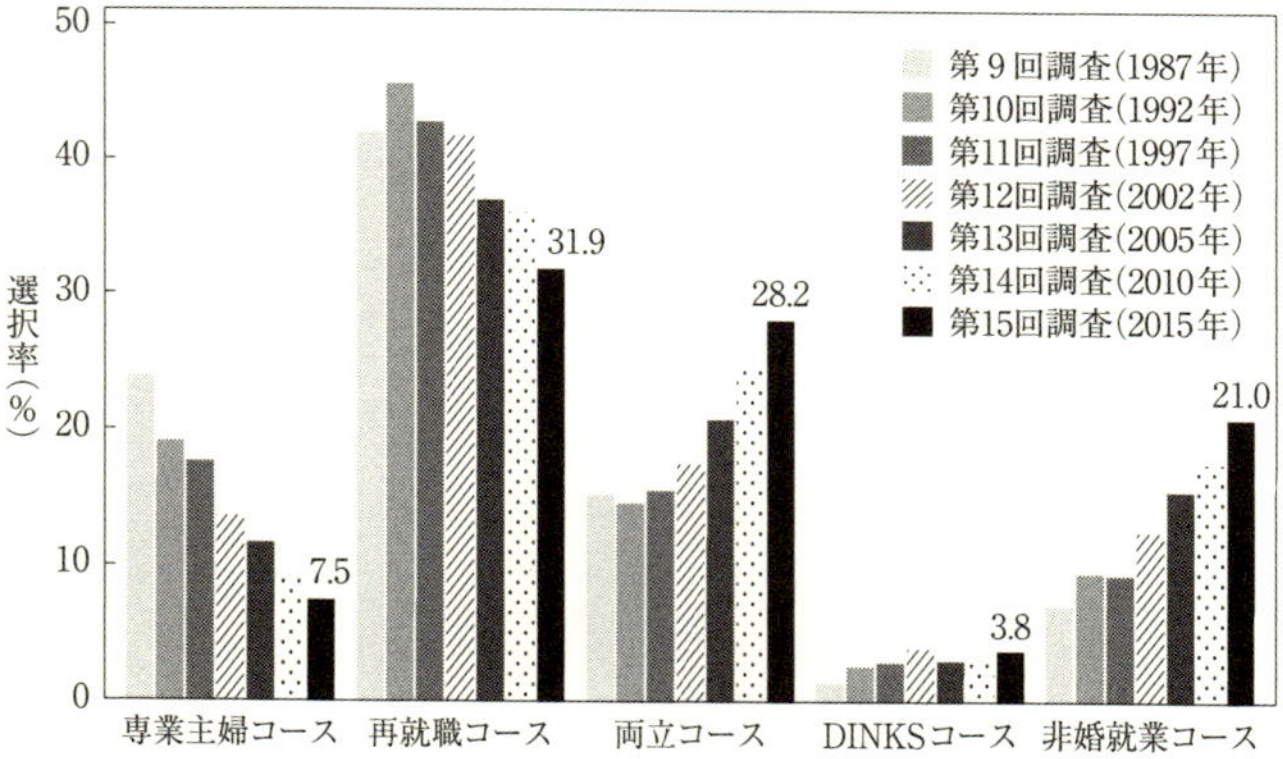

資料：国立社会保障・人口問題研究所（2017）「第 15 回出生動向基本調査」

図 5–4　女性の予定ライフコース

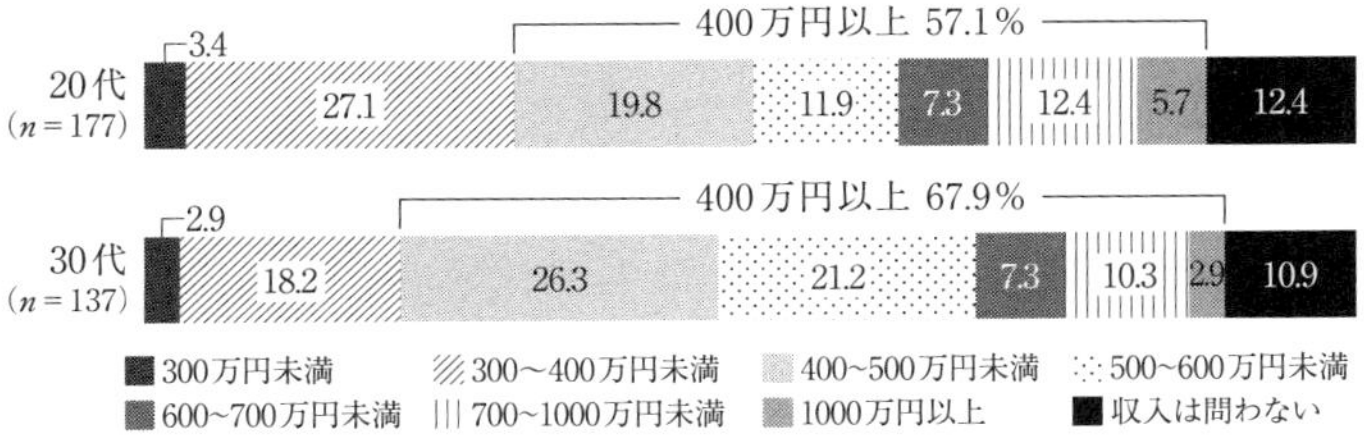

資料：明治安田生活福祉研究所(2016)「第9回結婚・出産に関する調査」

図5–5　20・30代未婚女性が結婚相手に希望する最低年収

一方、未婚女性に実際に自分がなりそうな「予定のライフコース」について聞くと、専業主婦は七・五％、再就職は三一・九％、両立が二八・二％となっている（図5–4）。そして、非婚就業が二一・〇％と、未婚女性の五人に一人が「自分は結婚しないのではないか」と予想しているのだ。

だが、この二割の女性の全員が結婚したくないわけではない。未婚女性に聞いた「理想のライフコース」では、専業主婦は「予定のライフコース」より多い一八・二％、両立も多く三一・三％、そして非婚就業は五・八％にすぎない。**この理想と予定のずれを見ると、専業主婦が理想の女性でも、「実際には無理だろう」と考えていること、結婚したいが「結婚しないのではないか」と予想している人が多い**ことがわかる。それだけ、結婚することは難しいことになっているのだ。

男性の収入　女性の期待とその現実

ほとんどの女性が「一生働くことのない専業主婦にはおそらくな

表5-2　男性雇用者の年代別所得分布(2017年)

(%)

	25〜29歳	30〜34歳	35〜39歳	40〜44歳
100万円未満	3.4	2.0	1.8	1.6
100〜199万円	10.3	6.7	4.9	4.3
200〜299万円	27.9	18.7	14.2	12.1
300〜399万円	29.0	23.9	19.3	16.4
400〜499万円	18.3	20.6	20.1	17.9
500〜599万円	6.7	14.0	15.7	15.5
600〜699万円	1.7	7.2	9.8	11.1
700〜799万円	0.7	3.1	6.2	7.5
800〜899万円	0.2	1.1	2.7	4.6
900〜999万円	0.2	0.6	1.6	2.5
1000万円以上	0.4	1.4	2.7	5.0

資料：総務省統計局(2017)「平成29年就業構造基本調査」を基に筆者試算

れないだろう」と予想しながらも、パートナーとなる男性には高い収入を求めている。ところが、女性が希望するレベルの収入がある男性は、非常に限られている。

明治安田生活福祉研究所が二〇一六年に全国の男女を調査した結果では、未婚女性の二〇代の約六割、三〇代の約七割が結婚相手に年収四〇〇万円以上を求めている(図5-5)。

それでは男性の収入はどうなっているだろうか。二〇一七年の「就業構造基本調査」から雇用者の男性(未婚・既婚を含む)を取り上げて、年収の分布を見てみよう(表5-2)。

二五〜二九歳の男性では年収二〇〇〜二九九万円の人が二七・九%で、三〇〇〜三九九万円が二九・〇%と最も多い。逆に年収四〇〇万円以上の人はこの年代の男性全体の二八・二%である。三〇〜三四

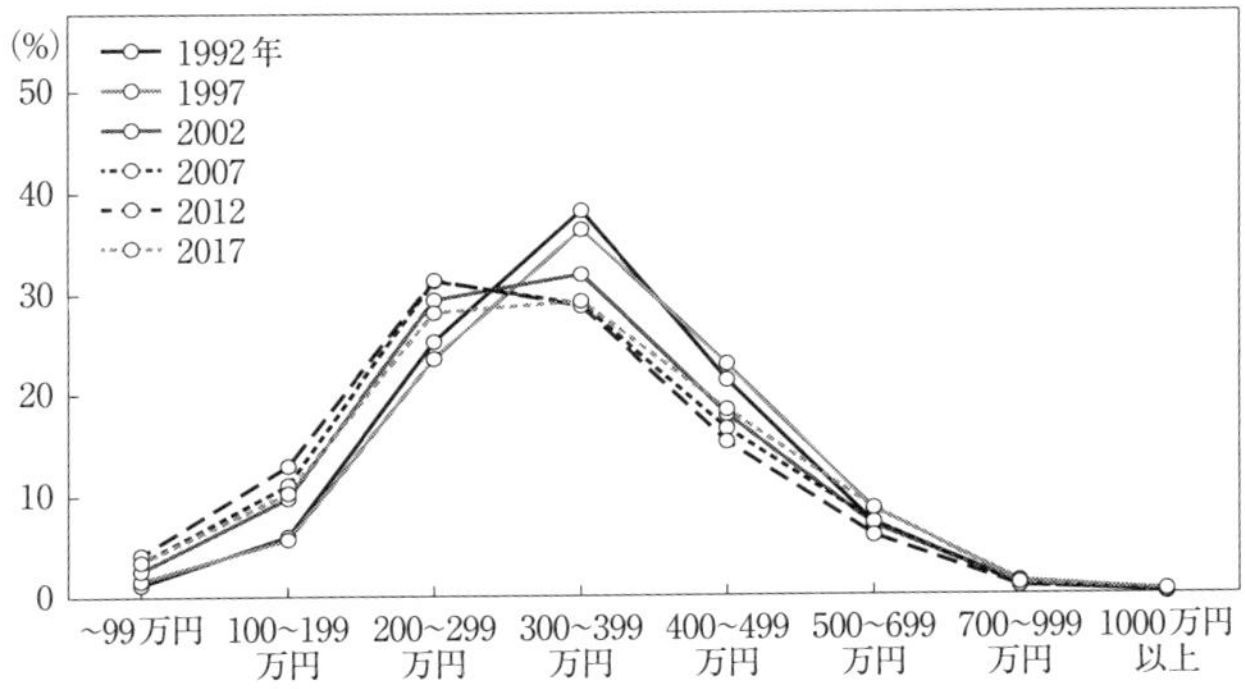

資料：総務省統計局「就業構造基本調査」を基に筆者作成

図 5-6 男性 25～29 歳の所得分布(1992～2017 年)

歳でも三〇〇～三九九万円の人が最も多く二三・九%、三〇〇万円未満の人は計二七・四%、四〇〇～四九九万円は二〇・六%、五〇〇～六九九万円は二一・二%である。三〇代後半、四〇代に入ると年収の高い人も増えてくるが、それでも年収が四〇〇万円未満の人が三五～三九歳で四〇・二%、四〇～四四歳で三四・四%である。

そうすると**二〇代後半では約七割、三〇代前半では約半分の男性が、多くの女性の結婚相手の候補にはならないということになる。**男性に高い年収を求める女性に対して、ジャーナリストの白河桃子は「結婚したいのなら、自分も稼いで男性の収入にこだわらないようにするべきだ」と述べている(『女子と就活』)。だが、女性が現実離れした収入を男性に求めるのもしかたない面がある。二〇年前は男性の雇用はまだ安定しており、収入はもっと高かったからだ。

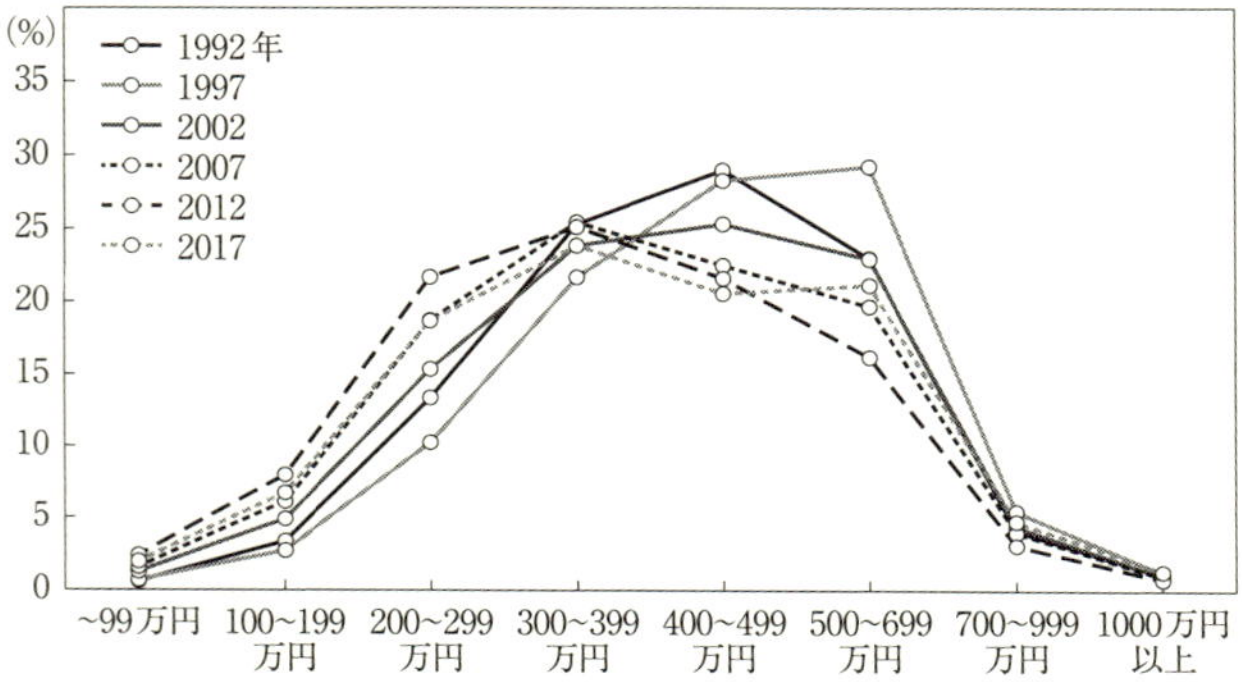

資料：総務省統計局「就業構造基本調査」を基に筆者作成

図 5-7　男性 30～34 歳の所得分布（1992～2017 年）

男性の賃金は低下し続けてきた

実は男性の所得は二〇一七年の「就業構造基本調査」で見ると、一二年よりもよくなっている。だが、**二〇年前の一九九七年には、男性の所得はもっと高かったのだ（図5-6）**。

一九九二年と九七年には、二五～二九歳の男性の四割近くが年収三〇〇～三九九万円、それぞれ二割強は二〇〇～二九九万円と四〇〇～四九九万円を得ていた。

それが二〇〇二年以降変化を見せ始める。二〇一二年がこの年代の男性の所得分布の最も低いところを動いており、二〇〇～二九九万円は三割強、代わりに三〇〇～三九九万円は三割弱となり、四〇〇～四九九万円は一五％と落ち込んでいる。さらに年収が一九九万円以下の者が一七％にもなっている。二〇一七年には少し状況が改善し、一九九万円以下は約一四％、四〇〇～四九九万円は約一八%となったが、それでも一九九二年や九七年の所得には追いついていない。

三〇～三四歳の層でも同じようなことが見える（図5―7）。

一九九二年には最も多くの者、三割近くは年収四〇〇～四九九万円の層であり、一九九七年には五〇〇～六九九万円の層であった。だが次第にこのピークは低くなり、二〇一二年には年収五〇〇～六九九万円の者は全体の一六・二%に減り、代わりに最も多くなったのは三〇〇～三九九万円の層で約二五%であった。しかもこの年は、年収一九九万円以下の者が一〇%を超えている。この年代も二〇一七年には所得が回復し、五〇〇～六九九万円が約二割となっているが、やはり最も多いのは年収三〇〇～三九九万円の層で、二割強を占める。

この二〇年間、結婚・子育て期の男性の所得は落ち込み、二〇年前の水準にはまだ戻っていない。この時期は何度も言及したように、ちょうど団塊ジュニアやポスト団塊ジュニアが世帯を形成する時期だった。この**男性の所得の落ち込みが未婚率の上昇につながった**のだろう。

子育て世代の家計も厳しい

子育て世代の経済状態を数年にわたって調査した、労働政策研究・研修機構の報告書によれば、専業主婦世帯の家計は二極化しており、裕福な世帯もある一方で、一二・四%が貧困世帯である。貧困世帯とは、妻に十分な学歴や就業経験がなく低い賃金でしか働けないため、子どもの保育料の方が妻の賃金より高くなってしまうような、小さな子どものいる世帯である。

二〇一四年には子育て世帯の妻の七割が働いており、二人親の世帯では、平均すると世帯収入の四分の一は妻の収入である。家計を維持するために、妻の労働収入はかつてないほど重要になっている。多くの女性にとって「働くか／働かないか」ではなく、「いつ、どれぐらい働くか」が問題になっているのだ。しかし、仕事経験のない女性ほど職を選べず、サービス業などで低賃金で働くことになり、仕事と家庭の両立にストレスを抱えている。

子育て世帯の状況を改善するために、第一に職業訓練や再就職を目指す主婦のためのインターン制度の充実など、子育て世帯に経済力をつけること、第二に母親の仕事と子育てのストレス軽減のための社会的支援、第三に男女ともに働き方を変え、女性が家事育児の負担のために低賃金のパートでしか働くことができない状況を変えるべきだと、周燕飛は提案している（「子育て世帯のディストレス」）。

実際、子育て支援の現場でも二〇〇〇年代後半から、夫婦ともども非正規で経済的にギリギリの親子が増えていると言われてきた。子どもの古着やおもちゃの無料交換会が喜ばれ、「三〇〇円の雑誌も買えない」という人もいる。まさに、細切れのパートの時給と保育料が見合わないという層が増えているのだろう。

奨学金が少子化を招く？

また、**子どもが大学進学期になっている世帯では、教育費が重く家計にのしかかっている。**日本では教育コストの大半を親が負担している。OECDのデータから各国の高等教育における公費と私費負担の対GDP比を見ると、フランスは公費一・二％、私費〇・三％、ドイツは公費一・〇％、私費〇・二％と公費負担の方が多いが、日本は公費〇・六％に私費一・三％である。それだけ親の負担が大きいのだ。

一方で、大学進学率は上がっており、奨学金を借りる者も増えている。ところが日本の奨学金の返済負担は、大学卒業後、正規雇用になった者にも重い。教育社会学者の大内裕和は、**奨学金返済が結婚にも影響しているという者が約三割、出産に影響している者が約二割いるという調査結果を取り上げ、奨学金返済が少子化の一つの要因になっている**のではないか、と論じている（『奨学金が日本を滅ぼす』）。

日本学生支援機構の返済は、卒業の七か月後、三月に卒業すると一〇月から返済が始まる。筆者の勤務する大学では二〇〇～三〇〇万円を中心に、五〇〇万円借りる学生もいる。返済額を変動させる制度もあって、初任給の低い間は月々一・五～二万円、多いと月三万円の返済から始まり、一〇～一五年返済期間が続く。もちろん、借りたものは返すべきだが、かつてのように新卒一括採用、終身雇用で賃金も順調に上がる、というルートが崩れているため、一度どこかでつまずくと返済も滞ってしまう。

奨学金を借りている学生の中には、それほど家計がひっ迫していなくても「親に迷惑をかけたくない」と奨学金で授業料を出している者もおり、卒業後順調に繰り上げて返済を行い短期間で返済が終るケースもある。一方でほんとうに家計がギリギリの者もいる。親から一切援助を受けられず、授業料を奨学金で、教科書代や生活費を自分のアルバイトで賄っている学生は、就職活動で大きな壁にぶつかる。就職活動に時間をかけるとアルバイトができなくなり、収入がなくなって就職活動の交通費も出ない。地方から東京まで面接に行く交通費のために必死で働き、選考で落とされたりすると、しばらくは次の就職活動をする資金も気力もない。

就職活動の費用の援助など困った時には頼れる親がいる学生もいれば、進学、就職活動、就職と、誰にも頼れず自分一人の力で乗り越えなければならない学生もいる。必要なのはほんのちょっとの支えなのだが、それがなく倒れてしまう者もいる。就職活動に十分な時間がかけられず不本意なまま就職したら、そこがブラックな職場で、短期間で最初の職を辞めてしまうという悪循環に陥る者もいるのだ。

いま必要なのは人生前半への支援

筆者がいまでも痛感するのは、**子育て世代への社会の冷たさ**である。いまだに多くの人が「子どもを育てるのは親の責任」「他人の子どもを支援する必要があるのか」と言い、保育園や幼稚園、小中学校の子どもの声への苦情も絶えない。さらに**子育て中の親に調査すると、支援以前に、「子どもが歓迎されていない」「子育てを応援する風土がない」という声が上がる。**いまの状況が続くのであれば、娘たちには「子どもを産むな」と伝えたいという母親までいた。

ちょうど二〇年前に出版された『平成一〇年版厚生白書』は、いみじくも、「出生率回復を目指した取り組みをするかどうかは、最終的には国民の選択である」とする一方、「出生率の回復を目指し、結婚や子育てに個人が夢を持てる社会をつくることは、将来世代への責任」と述べている。私たちは責任を果たせないままである。**一日も早く雇用や税・社会保障制度の改革と連動した、整合性のある包括的な児童・家族政策のパッケージを打ち出し、実行すべきである。**

よく知られているように、日本の社会保障は圧倒的に高齢者向けで、家族・子ども関係は少ない。日本のＧＤＰは五五〇兆円であるが、二〇一六年度の社会保障給付費(予算ベース)は約一一八兆円となっている。年金は約五六・七兆円、医療費は三七・九兆円、介護は一〇兆円に対して、子ども関係は五・七兆円である。ちなみに医療費を使うのも圧倒的に高齢者だ。

二〇一三年のＯＥＣＤの資料を見ると、ＯＥＣＤ諸国の家族・子ども関係予算は対ＧＤＰ比で二・四三％なのに対し、日本は一・四九％である。フランスは三・六五％、スウェーデンは三・六四％、ドイツは三・〇三％である一方で、韓国は一・三二％、米国は一・一三％である（米国は先進国では珍しく、育児休業制度も国の制度としては導入していない）。

長年筆者は、「子育て支援にもっと資源を」と言い、多くの批判を受けてきた。そのたびに言ってきたのは「みなさんの周りにいる子どもたちは、日本の将来を支える人たちになります。その子たちが十分な教育も受けられず、ちゃんと働くこともできなければ、世の中全体が停滞し、みなさんの生きる社会がよくなりません。子どもたち全体の底上げは、みなさんの将来をよくすることでもあります。他人の子どもは私たち社会のこどもでもあるんです」ということだ。

就労支援と貧困対策こそ少子化対策

好きな人と出会い、一緒に暮らしたいと思う相手が現れてこそ、結婚につながる。だがこれまで何度も見てきたように、**そもそも収入が低く、雇用が安定しない人は男女ともに結婚しにくい。**日本社会はまだ男性の所得が女性より高いことが前提になっているため、男性の非正規化や低所得化は未婚化を招く。結婚して世帯を持てば二人で支え合うことができ、「一人扶持では食えないが、二人扶持は食える」という言葉通り貧困リスクは軽減されるのだが、結局、低所得の男女が未婚者になってしまっている。結果として、男女ともに単身世帯や親と同居する未婚者が増えつつある。独立する経済力を持てるようにするには、フルタイムで働けば最低限度の生活が営めるレベルまで最低賃金を引き上げることと、それに見合った労働者の生産性の向上が必要だ。親と同居する未婚者は、親が働いている間はまだしも、親が引退すると親子で貧困となり、さらに社会の貧困率が上がる。そして親が亡くなってしまうと、年金や貯蓄も十分ではなく、そのまま貧困単身壮年者、貧困高齢者になりかねない。

さらに、住居費負担が低い国ほど、結婚し子どもを持つ世帯形成率が高いので、若い世代が安くいい住宅に住めるようにするのも未婚化に対する有効な政策である（四方理人・山田篤裕「家族の変化と相対的貧困率の変化」）。

要するに、**何よりも男女ともに安定した仕事を得ること、結婚して二人で働けば出産・子育てもできる経済力、それこそが少子化対策に必要**なのである。

『平成二七年版男女共同参画白書』（内閣府）によれば、富山県や石川県、福井県、鳥取県、島根県など、女性の正社員雇用割合が高い地域ほど、育児をしながら働いている女性の比率が高い。つまり、育児休業制度や育児短縮勤務制度を使えるのが、やはり正規雇用者に限られているからだと考えられる。

また、こういった地域ではそもそも男性の賃金が高くなく、共働きが定着していることもある。だが、残念ながら、家事や育児も夫婦で分担したり、地域に子育てを支える文化があるかどうかはそれぞれ異なっており、それは出生率の違いにも出ている。

社会学者の中村真由美は富山県と福井県を比較して、福井県の方が出生率が高い背景を探っている。それは**子育てを女性だけの仕事とせず、祖父母からの子育ての支援があること、地域として子育てしやすい風土であること、さらに雇用に明るい展望があることなどが、富山に比べて福井の高い出生率をもたらしている**という(「地域ブロック内における出生率の違い」)。

また、日本で子どもの貧困率が高い理由として、ひとり親家庭、特に母子家庭の貧困率が高い背景がある。女性が非正規で安く使われるからだ。「離婚しなければいい」「離婚した母親が悪い」という考えを持つ人もいるだろう。だが貧困問題に詳しい阿部彩によると、むしろ貧困が原因となって離婚が起こっているという(「離婚と貧困の関連および離婚の子どもへの影響に関する試行的分析」)。

北欧で子どもの貧困率が低いのは、特にひとり親世帯を比較すると、子どもへの手当が充実していることやさまざまな現物給付のサービスだけでなく、女性が安定した仕事に就いているからでもある。子どもが安定した家庭で健やかに育つためにも、女性の安定雇用が欠かせない。

緩少子化と超少子化の国は何が違う?

実は、先進国で人口置き換え水準の二を上回る国はほとんどなく、**先進国はすべて少子化の進む国である**。だが、**日本や韓国といった合計特殊出生率が一・五を下回る超少子化の国と、スウ**

エーデンやフランスのように一・八を上回る緩少子化の国がある。

この背景には、カップル文化が強固で、形式にとらわれない男女のパートナーシップ形成が活発で、同棲から「婚外子」が生まれる国と、カップル文化が不在の国といった文化的違いもある。一方、山田昌弘（『少子社会日本』）、筒井淳也（『仕事と家族』）は世帯の経済的な見通しや男女の働き方から分析すると、**一九七〇年代以降、経済が停滞し、男性一人の稼ぎでは家族が養えなくなってくる中で、いち早く女性が働きながら結婚・出産できる条件を整備し「夫婦で稼いで収入の見通しが明るい」**状況をつくり出せた国と、そうでない国との差だと分析している。

かつてスウェーデンは貧しい国であった。一九世紀後半から二〇世紀初頭にかけて国民の約四分の一が米国に移民として移動したという。ノーベル賞を受けたアルバ＆グンナール・ミュルダール夫妻が一九三〇年代の出生率の低下に危機を抱き、一九三四年に『人口問題の危機』という本を出した。彼らの基本的な考え方は、**子どもを養育する経済的負担の大部分は、個々の家庭から社会に移すべきで、子どもを産みたい人への障壁を取り除くこと、それは、子どもたちに大きな平等を提供するとともに、将来の人的資源である子どもへの投資である、**ということであると都村敦子は述べている（「家族政策・社会扶助・住宅手当等」）。こうした背景もあり、児童手当は一九四八年から実施されていた。

またスウェーデンは第二次世界大戦に参戦せず、戦禍も受けなかったため、戦後、復興需要を受けて高度成長を迎える。女性労働へのニーズが高まり、女性の社会進出と出生率の低下が同時に起こったために、女性の労働力と出生率の両方を維持しようと社会制度を充実していった。

両親保険といわれる育児休業制度は一九七四年には導入され、保育の拡大も七〇年代から実施された。七九年には八歳以下の子どもを持つ親への短縮勤務の権利も付与された。

これはスウェーデンの成長戦略でもあった。そもそもスウェーデンは老人介護の社会化が早い段階から進められてきたが、保育も女性の高い労働力率を支えるとともに、女性に保育や介護といった家族内のケアを社会化した仕事を担ってもらうことにもなった。一九七一年に課税は世帯単位から個人単位になることが法制化され、配偶者控除もない。保育や育児休業制度などが整えられてくる中で、**合計特殊出生率は一九八〇年代に回復し、九〇年代の金融危機の時期には落ち込んだものの、二〇〇〇年代から再び回復し、安定して推移している。**

フランスではすでに一八世紀頃から高い乳幼児死亡率を下げる試みがなされていた。さらに二〇世紀初頭に第一次世界大戦とスペイン風邪の流行による人口減と合計特殊出生率の低下を受け、本格的に少子化対策に取り組み始める。フランスは人口維持・拡大を政策目標とし、多子奨励策を打ち出しているが、近年「女性の選択の自由」を尊重することも重視されている。さらに最近では男女間の格差を解消するために、男性の育児休業促進も目指され、二〇一五年から育児休業は第一子は一歳になるまで、両親が六か月ずつ取得できるようになっている。また、所定労働時間が週三五時間で、そもそもの労働時間が短いことも子育てに大きく寄与している。また多子を奨励しているため、多子世帯は税制でも優遇されている。

三歳児以上はほぼ一〇〇％保育学校か幼稚園に行くが、三歳未満の子を預かる保育所はやはり都市部では足らず、代わりに認定保育ママが普及している。約三一万人が認定保育ママとして働いている。高学歴で給与も高い母親ほど就業率が高く、保育所や認定保育ママを利用して早めに職場復帰する。フランスは階層社会でもあり、あまり学歴の高くない女性や移民層の女性が認定保育ママとして働くことにより、女性の失業率を下げる目的もある。

家事・育児を一緒に担う共働きの方が総労働時間が増える

第一子が生まれた夫婦を一〇年間追跡調査した厚生労働省の調査では、夫の家事・育児時間が長いほど第二子が生まれている（「二一世紀出生児縦断調査特別報告」）。

また、〇～一歳の子どもを育てている世帯への東京大学とベネッセの共同調査（「乳幼児の生活と育ちに関する調査二〇一七」）では、夫が子育てに関わっているほど、夫婦ともどももう一人子どもがほしいという意欲が強いという結果が出ている。

さらにこの調査を見ると、夫婦が一緒に家事や育児が担えるかどうかには夫の職場環境が影響しており、父親の職場が「定時で帰りやすい雰囲気がある」ことや「部下が子育てに時間を割く

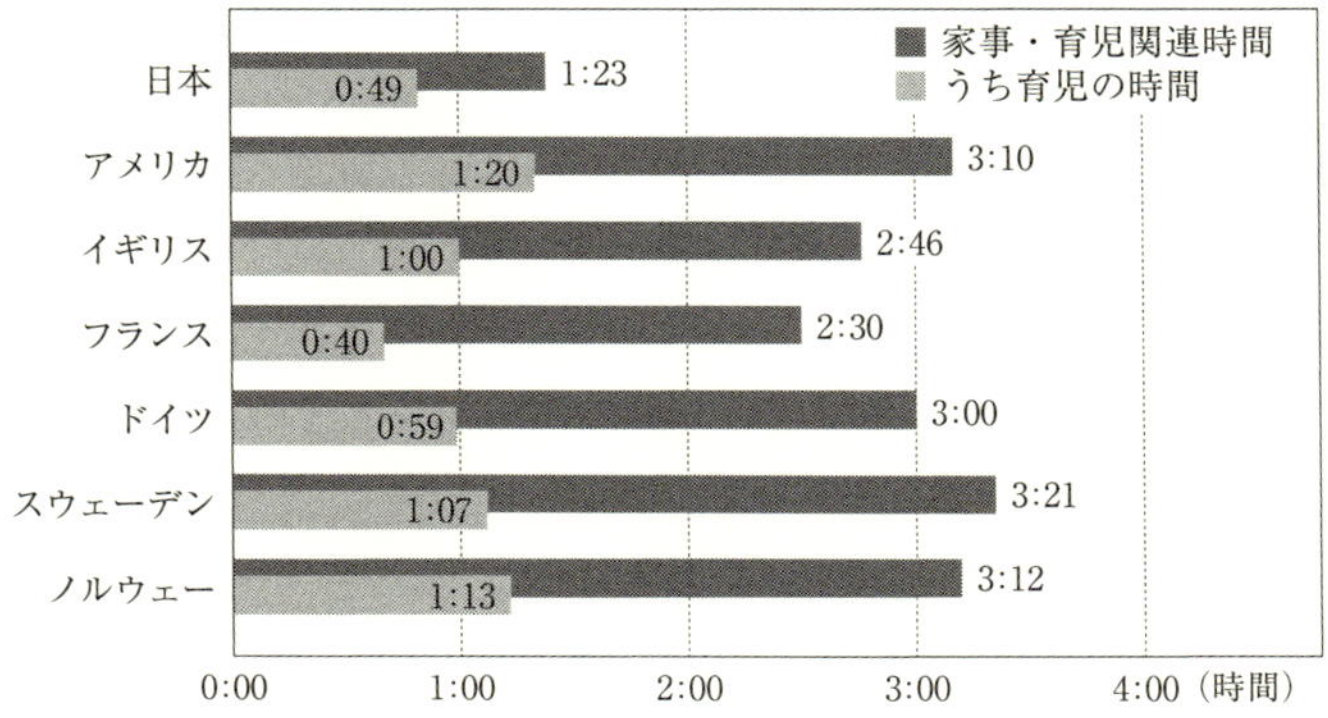

資料:内閣府『平成29年版男女共同参画白書』第1-1-24図から引用

図5-8 6歳未満の子供を持つ夫の家事・育児関連時間
(1日当たり・国際比較)

ことに、上司は理解がある」と、夫婦で子育ての助け合いがうまくできている。女性側だけでなく、男性側の職場環境も重要なのだ。「二〇一七年度雇用均等基本調査」(速報版)によると、男性の育児休業の取得率は五年連続で上昇し五・一四%である。だが、もちろん男性の休業取得期間は短い。

図5-8に見るように日本の父親が子育てに関わる時間は、他国に比べて圧倒的に短い。六歳未満の子どもを持つ夫の家事・育児関連時間は、日本では一日当たり一時間二三分で、このうち育児は四九分、米国では三時間一〇分で育児は一時間二〇分である。スウェーデンなどでは家事・育児関連時間は三時間二一分である。

男性が家事・育児に時間を取られて十分に働けなければ、世帯所得も社会の労働力も減ると思われるかもしれない。だが、実際に夫婦単位で見てみるとそうではない。夫が長時間労働のために妻が一人で家事・育児を担わなくてはならず、短時間しか働けない日本の世帯よりも、夫婦二人で働くスウェーデンの方が、夫婦で合計した就労時間が長いと、吉田千鶴は分析している（「育児」）。一人ひとりの能力を活かすという面からは、夫婦ともども働き、家事や育児も一緒に担う方が効率的だということだ。

人材をムダにするな　放置される未婚無業女性

そして、**何より問題なのは、日本は今後働き手が減っていくというのに、多くの人材をムダにしていることだ。**就職氷河期に学業を終えて、そのまま安定した雇用に就けないままの三〇～四〇代への急速な支援が必要だ。第４章で見たように、これは自己責任ではなく時代の犠牲者である。かれらが最近の卒業生であれば、正社員としての就職は容易だっただろう。

外国人労働者をなし崩しに受け入れて、今の人手不足を補うばかりでは、この「捨てられた世代」の問題は解決しない。

男性の場合、非正規や無業状態であることは問題視され、さまざまな就労支援につながる可能性もある。だが、女性の場合は、未婚のまま無業や非正規で働き続けて親と同居していると、「家事手伝い」「結婚すれば問題が解決する」と、問題視されずにきた。

筆者は数年前に大卒未婚無業の三〇代の女性たち、いわゆる「家事手伝い」といわれる人たちをインタビューしたが、一昔前に世の中がイメージしていた「花嫁修業」とはほど遠い実態だった。運悪く就職氷河期に卒業したことや初職の労働条件が悪くて仕事が続けられなかった人、初職が非正規だったために、その後もずっと非正規の仕事を細切れに続け、ついに疲れ果てて無業になったという人もいた。また、就活がうまくいかなかったが、「女子だから結婚すれば何とかなる」と親も本人も安易に考えている間に、無業のまま三〇代も半ばになっている人もいた。親もいよいよ年を取り、親子で切羽詰まっているという状況だった。

公的な支援機関につながっている人はほとんどおらず、ハローワーク以外の支援があることも知らなかった。支援につながることができていたのは自分でリサーチ力があったり、自分がかかっている病院から紹介してもらうなど、幸運に恵まれた人たちだけであった。無業期間が長くなるにつれて、社会的なつながりもなくなり、「社会的ひきこもり」に近くなり、ほとんどの女性が自信を失っていた。

実はヒアリング対象者を探した時には、四〇代の未婚無業女性もいたがインタビューしなかった。当時は地域若者サポートステーションなど支援の対象者が三九歳までで、四〇代の人には紹介する支援先もなく、申し訳なくて会うことができなかったのである。

深刻化する八〇五〇問題

やっと二〇一八年からモデル事業として、四〇代の人たちへの支援も地域若者サポートステーションで始まりつつある。

総務省統計局の集計によると、三五～四四歳の親と同居の壮年未婚者は、二〇一五年に三〇八万人、一六年に二八八万人であった。なぜ二〇一六年に人数が減っているかというと、人口の多い団塊ジュニアの一九七一年生まれが四五歳となり、四四歳までの集計対象から外れたからである。この**「親同居未婚者三五～四四歳」の失業率は八・一％と、全体の三・一％**（二〇一六年）**に比べて格段に高い。基本的な生活を親に依存している人は約五二万人であり、親が死亡した場合、かれらは深刻な生活難に陥る可能性がある**（西文彦「親と同居の未婚者の最近の状況（二〇一六年）」）。

一方、国のひきこもりの調査は三九歳までであり、内閣府は二〇一六年に一五～三九歳までのひきこもりの人が約五四万人いると公表している。だが、ひきこもりの人も高齢化・長期化しており、国も四〇代以上の実態調査に乗り出すという。五〇代ひきこもりの人も多くいると考えられているが、これが最近よく言われている**八〇五〇問題（八〇代の親とひきこもる五〇代の子ども）、七〇四〇問題（七〇代の親・四〇代の子ども）**である。

総合研究開発機構の推計では、**就職氷河期に生み出された非正規雇用者と無業者が適切な支援を受けられないまま六五歳になると、七七・四万人が生活保護の受給者になるとされている。**かれらがその後の生涯にわたって生活保護を受給し続ければ、その費用は一七・七～一九・三兆円になるという(『就職氷河期世代のきわどさ』)。

これが雇用調整で大量の若者を非正規や無業に追いやり、その将来を犠牲にしてまで労働コストを引き下げたこの社会の結末である。

必死で働いて貧乏になった「安くておいしい日本」の限界

日本社会は、相対的に日本の生産製品を安くするために賃金を切り下げ、「質が良く安く便利なもの」を生み出す努力をしてきた。その代わりに働く人々は疲弊し、低賃金の中でいっそう少子化が進み、自分たちの社会の未来を危機にさらすことになった。その間、日本の国民一人当たりのGDPは下がり続け、一九九五年には世界第三位だったが、二〇一七年には二五位となった。日本人は、必死で働いてこの二〇年で貧乏になったのだ。

筆者も海外に行くと物価が高く、つくづくわれわれ日本人は貧乏になったのだと実感する。何でも日本の方が安いため、買い物もしない。円安になれば輸出企業はもうかるが、一方で円安とは、海外からの材料を高く買って、安い賃金で加工して安く輸出するということである。

政府がしきりに学生に海外留学を勧めているが、海外の大学の授業料は高額化しており、円安が進めばさらに学生の負担は大きくなる。

筆者は昔から、数年おきに北海道にスキーに行っていた。たとえばニセコは、行くたびに空き地だったところに外資の高級コンドミニアムが建ち、気軽な居酒屋やラーメン屋だった店が法外な値段を取るようになっている。新しいオーガニックスーパーの食材も驚くような値段で、英語でしか買い物ができない。増えるホテルは海外資本ばかりで、最初から日本人客は相手にしていない。スキーシーズンは一気に宿泊価格が高くなるが、スキー場も町の飲食店もオーストラリア人で満員である。小樽商科大学の調査でも日本人観光客にとっては何もかも高すぎ、かつ混みすぎて、冬場はニセコ離れが起きているという（後藤英之ほか「北海道ニセコにおける観光地域研究」）。なにせ、吹きさらしの屋台のラーメンが一五〇〇円もするのだ。とうてい外食はできず、筆者は地元のコンビニで食べものを買っている。

「日本は何もかもが安い」

そこでオーストラリア人（一人当たりGDPは世界一一位）に、「あなたたちは金持ちなのか？」と聞いてみたところ、かれらは一様に「日本は何もかも安い」と言う。飛行機代を払ってもニセコのパウダースノーと日本のおいしい食事が楽しめれば、少しも高くないという。各スキーメーカーがアンテナショップを展開し、ゲレンデにつながるニセコのメインストリートは、きれいにライティングされて美しい。だが賑わっているのはゲレンデの周辺だけで、そこから離れた昔からの地元の温泉旅館は建物が老朽化し、補修費用も賄えないので日帰り温泉の営業だけになり、現在の主人の代で終業するという。

しかし冬場のハイシーズンには働く人は足りなくなり、ニセコの近隣には大学もないのでアルバイトの確保もできない。「インターンシップで異文化体験」という名目で「ニセコで英語を使って働きませんか」というカラー印刷のきれいな勧誘チラシが、筆者の勤める関西の大学にまで配布されており、驚いたものである。アルバイトでは来てくれないので、インターンシップという名目で集めているが、英語での接客の訓練を受けたうえでのアルバイト(これをバイターンという。しかも長期間拘束される)だとすぐわかる。結局、**海外資本が土地を買って高級コンドミニアムを建て、外国人客を呼び寄せて高い利益を上げていても、日本人の若者はそこでアルバイトとして安い時給で働いている**のだ。

インバウンドだと喜んでいても、増えるのはサービス業の非正規の仕事ばかりで、日本人の所得はまだ伸び悩んでいる。こうやっている間に人手不足になるので、さらに外国人労働者を呼び寄せ、留学生のバイト時間の上限を上げるという話になる。だが、アジア諸国が経済発展を続ける中で、いつまでも日本の安い賃金で働く人を呼べるわけではない。

「安く・おいしく・便利に」と働き続けて、二〇一八年の日本の幸福度は世界五四位である。**失われた二〇年は、日本人の労働力を安売りする二〇年だった**のだ。

私たちにはそれしか選択肢がなかったのだろうか?

競争原理と地方創生のどちらを取るのか？

二〇一八年九月、ついに人手不足への対応として、郵便局の土曜の配達をなくそうと法改正が検討され始めた。今まであたりまえだと思っていたサービスが、ついに維持不可能になってきたのだ。このままでは今後の少子高齢化社会は乗り切れないことがはっきりしてきている。私たち自身がどういう社会を目指すのかというビジョンをつくり、そのもとで物事に優先順位を付け、優先するもの、あきらめるのを決めていく公論が必要だ。

日本のよくないところは、どういう社会を目指すか、どうやって人口減少社会を乗り切るか、無子高齢化ではない未来をつくっていけるのかという議論や、総合的なビジョンを示さないまま、タテ割りを温存し、その場その場の微修正で事態を乗り切ろうとするために、制度間の矛盾が露呈してしまうという点だ。つまり、常に場当たりに近いのかもしれない。

たとえば、政府は首都圏への人口一極集中を止め、地方で人々が働き、暮らしていけるように「地方創生」を掲げている。高齢化の進む地方で人々が安心して暮らしていくためには、地域の公共交通網を守らなければならない。ところが一方で、国は、競争原理を持ち込むといって規制緩和も進めているのでおかしなことになる。

大きな話題になったのは岡山の両備バスをめぐる問題だ。この会社は岡山市内を走るドル箱路線のもうけで赤字のバス路線を維持し、地域の人々の足を守ってきた。ところが国は、このドル箱路線に他社の新規参入を認めたのである。

新規参入者は広域の赤字路線を維持しなくともよいため、ドル箱路線では乗車料金を安く設定でき、優位に立つ。両備バスが競争に負け、ドル箱路線で十分な収益が上げられなければ、広域の赤字路線は廃止され、岡山の人々は公共交通を失うことになる。両備バスがドル箱路線と赤字路線の両方を持っているのは、言ってみれば利用者間の再分配で赤字路線を維持するという仕組みが成り立っている、ということである。

ドル箱路線だけを利用する乗客は高い料金を払っているわけだが、一方で料金での再分配ができなくなれば、自治体が公費を投入して路線を維持することになるかもしれない。それは結局市民・県民全員の税金を投入することになる。

国は競争原理を徹底し、赤字路線を切り捨て黒字路線だけを残す、つまり競争力のある都市部に暮らす人々だけを守りたいのか、地方創生をしたいのか、いったいどちらなのだろうか。もしかしたら、都市部だけに人を集める、という国の戦略なのだろうか。もし戦略があるとすれば、まだその方がましである。むしろ方向性も戦略性もなく、場当たり的に矛盾した政策が漫然と実行されている方がずっと悲劇である。

もう新しいタワマンもダムも道路もいらない

人口減に伴って、これまでの都市政策や公共事業も見直し、組み替えていくべきだろう。

まず深刻なのは空き家問題だ。

総務省統計局の「住宅・土地統計調査」(二〇一三年)によると、空き家数は八二〇万戸に上り、住宅全体の一三・五%となった。一九九三年の九・八%から、二〇年間で約四割増であり、**いまや八軒に一軒は空き家**である(次の調査は二〇一八年一〇月に実施される)。

これは人口が減っていない都内でもそれほど変わらず、空き家率は、豊島区一五・八%、大田区一四・八%、武蔵野市一四・一%と、平均より高いところも目立つ。

ところが**空き家が増えているにもかかわらず、都心部を中心にタワーマンションなどのマンション建設が続いている。**タワーマンションの高層階は外国人が投資目的で買うケースも多く、売り抜けが目的だろうが、いつどうなるのだろうか。すでに中国人投資家による爆買いは終了したとも言われている。

いずれタワーマンションも建て替えの時期が来るが、その時、誰がどうその費用を賄うのか。同じマンションでも上の階と下の階では居住者の経済力は大きく違う。小規模のマンションでも、老朽化したマンションの建て替えが進まないまま、満足に修繕もできない状態で高齢者だけが住んでいるような状況も見られる。さらに住民が多く、経済格差も大きなタワーマンションで、話はまとまるのだろうか。一方、首都圏でも関西圏でも、大規模地震の可能性が言われているにもかかわらず、耐震性のない古いアパートやマンションはそのままである。

マンションだけではない。空き家が目立つ地域でも、さらにその外側に新しく住宅地が造成され、新築の戸建てやアパートも建ち続けている。いずれ人口が減って上下水道の供給範囲を狭めて維持コストを下げたり、公共交通の維持も難しくなる時期が来るかもしれないのに、いまだに野放図な開発が行われていることに驚くばかりである。ここには規制緩和ではなく、未来を見通した適切な「規制」が必要なはずである。

新しく住宅を増やすのではなく、空き家対策を進め、現在の住居地域の環境を守ることの方がずっと重要だ。さらに、気候変動で台風や雨の降り方も変わり、自然災害が激甚化しやすくなっている中で、安全なところに固まって住むという決断も必要になってくるかもしれない。

高度成長期に造られたインフラの老朽化も激しい。上下水道管の取り換え、橋梁のメンテナンスと架け替えなど莫大な費用がかかる。地方の橋などは補修もままならず、老朽化したままのものもある。日本では、戦後復興期から高度経済成長期の一九五〇年代から六〇年代に、各地で橋が大量に建設された。その多くが建設から標準耐用年数である五〇年を過ぎているが、修繕しきれず通行止めや通行規制を行っている橋も多い。

過疎化が進み、水の需要が減っている地域でも、なぜかダムの新規建設が続いている。一九五〇年代から六〇年代に計画された群馬県の八ッ場《やんば》ダム、愛知県の設楽《したら》ダムなどは、建設差し止めを求めて住民が訴訟を起こしたが敗訴し、現在建設が進められている。造られるのはダムだけではない。水没する地域の人が移り住む場所のために、新しく別の道路や橋、トンネルが造られる。

しかし、ほんとうに必要なのは、老朽化したダムの補修や浚渫である。ダムを造れば上流から土砂が流れてきてたまるが、長年の土砂流入で治水効果が低下していたり、最近の激甚化した台風などの設計基準を超えた豪雨で放水すると、押し流された土砂が下流の集落を襲うことは、二〇一八年七月の西日本豪雨災害でも明らかになった。今後、全国各地に造られた既存のダムも老朽化していく。既存のダムの管理は防災上も、財政上もこれまで以上に深刻な問題なのだ。

高速道路の補修修繕も必要であり、レインボーブリッジやベイブリッジもいつか老朽化の時期が来る。橋でもダムでも道路でも、新しく造れば必ずその維持補修費が必要になる。**地震国日本では、いまや新設よりも老朽インフラの整備や補強の方が、ずっと重要な事業なのだ。**

多くの自治体では、人口が減少し、住民の高齢化により税収が伸びないために、老朽化した公民館やコミュニティセンターなど公的施設の補修や建て替えもままならない。むしろ、どこを残して、あとはあきらめる、という話が必要になってきている。新しいインフラを造るゆとりは私たちになくなりつつある。**もう今まで通りの考え方の延長線上には私たちの未来はない。**いかに維持できる範囲にうまく縮小していくか、という戦略が必要である。
政府は、二〇一六年八月の概算要求で「優先順位を洗い直し、無駄を徹底して排除しつつ、予算の中身を大胆に重点化する」という方針を掲げたが、一体どうなっているのだろうか。

社会のOSを変えよう　総合的な社会保障の再設計を

それでは今後、人口減少が本格化する中で、私たちはどうすればいいのだろうか。
次の五つの点を提起したい。

① 貧困対策を行う。適切な職業訓練や生活支援で一人ひとりの職業能力を高めるとともに、最低賃金の引き上げなど、フルタイムで働けば自立して働けるだけの所得を保障する。

それには安くて便利、という日本の社会を変える覚悟も必要かもしれない、必要なコストは支払うということが消費者にも納税者にも求められる。安い人件費で作られていた商品は高くなるし、安く調達されていた公的サービスも当然高くなる。だが貧困が未婚化を招き、さらに少子化と貧困化を招く悪循環を断ち切る必要がある。

② 氷河期世代や「ひきこもり」といわれる人たちの状況をきめ細かく把握し、何らかのかたちで社会に参画してもらう。

必ずしもフルタイムの就労に限らずに、在宅でできる仕事やボランティアでもいい。ＩＴの発達も助けになるだろう。かれらを人口減少社会、無子高齢化社会における貴重な人材として、その後の社会の中で活躍できる場を見つけられるように支援していくべきだ。

女性や高齢者が能力を発揮できる職場づくりは言うまでもない。一人でも多くの人の参画ができる社会の仕組みづくりが重要だ。人々の能力を活かし、その幸福を最大限にするのが政治の役割のはずである。

③ 妊娠期から青年期の職業的自立まで含め、人生前半、つまり若い世代への支援を充実させる。

妊産婦の死因の第一位が自殺であり、全体の三割を占めるという衝撃的な調査結果が出たが（国立成育医療研究センター二〇一八年九月）、妊産婦や在宅での子育てを支える地域での子育て支援、待機児童、虐待、子どもの貧困、就労支援と仕事づくりといったように、問題別のタテ割りではなく、省庁も横串にした包括的な子ども・若者支援策を形成することが必要だ。それを実施するために、子ども施策を担当する新しい省が必要かもしれない。消費者庁ができたのに、なぜ子ども若者省ができないのだろうか。横浜市でも各局に分散していた子ども若者関係部署と予算を統合して、こども青少年局を設置してから子ども施策が市政の柱の一つとなっている。

また政策を検討する時は、たとえば育児休業制度と保育園との連携など、どこまでを育児休業でカバーし、いつから保育園に通うのかといった設計図を示すことも必要だ。

二〇一八年、待機児童の解決もままならない中で、いきなり幼児教育の無償化が熟議もなく決まってしまった。無償化は待機児童解消と矛盾するだけでなく、国の基準も満たさない認可外施設まで無償化対象にするなど、保育の質や子どもの安全のうえからも疑問がある。現段階では認可外保育施設への十分な監査や指導もままならず、実際に死亡事故も起こっているのだ。政治がいきなり思いつきのように政策を打ち出すことは、ほんとうに子育てしやすい社会づくりにはつながらない。必要なのは整合性のある制度設計である。

④ 社会保障制度全体の整合性を図る。

いまは、少子高齢化を乗り切るために個々の制度の費用をいかに下げるかということに話が集中している。だが実際には社会保障制度は相互に補完的であり、公的保障を削れば、その負担は個々の家計に行くだけなのだ。

たとえば、いま国は医療から介護へ、さらに施設介護から在宅介護へと軸足を移しつつある。だが一方で、働き手が減る中で介護離職ゼロも目指すという。実際には在宅介護の負担に耐えかねて、約一〇万人もの人が介護離職している。さらに中高年で親の介護で離職したものの、親亡き後は再就職がかなわず、貧困に陥ったり生活保護を受給せざるを得ない人も出てきている。介護保険を節約しても、実際に社会全体のコストが減ったかどうかはわからないのだ。

また、二〇一八年夏の猛暑で、岐阜の病院で高齢者が熱中症でなくなる事件もあった。この病院は、地域では最後の看取りの病院として頼りにされていたようである。介護施設が増える中でも医療的ケアの必要な高齢者の行き場があまりない、ということがわかる事件でもあった。

親族が要介護になっても、数少なくなる現役世代が働き続けることができる制度の方が、結局は総社会コストは安くなる可能性もある。

さらに、生活保護受給世帯の過半数を高齢者世帯が占めるようになってきている。高齢者の生活保障と生活保護との関係も考えなくてはならない。議論を重ね、どういった社会にするのかを明確にし、社会保障制度全体を再設計する必要がある。

⑤　施策に優先順位を付け、あきらめることも選択肢としながら、増える負担をどう分け合うか、という痛みを伴う議論に向き合う。

これからはパイをどう配分するかではなく、負担のわかちあいが必要になってくる。少子高齢化が進む中で、私たち一人ひとりが公的なサービスを充実させるためには負担増はさけられないだろう。いざという時に頼りになるセーフティネットをつくるためには、当然、人手も税も社会保険料も必要になる。さらに税や保険料という金銭的な負担だけでなく、何らかのかたちで、自分たちの労力も社会に提供していくことが不可欠になるだろう。少子高齢化の波を乗り切るためには、私たち一人ひとりの覚悟と力が重要である。

外国人労働者はモノではなく人間である

最後に現在日本が進めようとしている外国人労働者の受け入れ拡大について考えてみたい。**外国人労働者や移民を受け入れて、どのような社会をつくっていくのか、長期的なビジョンもなく、なし崩し的な受け入れを進めれば、大きな社会的課題を将来抱えることになる**と筆者は考えている。

現在でもすでに、技能実習生への非人道的な扱いや、定住する外国人が増えるにつれて不十分な就労支援・日本語教育が課題になっているだけでなく、一方で在留外国人による医療保険の濫用などの問題も出てきている。

外国人労働者は労働力というモノではない、人間が来るのだ。日本の都合よく来て、都合よく帰ってくれることなどありえない。

実は日本には前科がある。一九九〇年にはバブル期の人手不足解消のために、日系人向けの定住ビザを創設し、主に南米から日系移民三世までの受け入れを始めた。日系人側も日本側も、数年の短期間の出稼ぎのつもりだった。その後バブルが崩壊し、短期間で思ったほど収入が上げられなかった中で、人々の滞在は次第に長期化し、家族を形成するようになってきた。

そして、いよいよリーマンショックで仕事がなくなった二〇〇九年、日本政府は帰国支援制度を導入し、一人当たり二〇～三〇万円の費用を援助して約二万人を帰国させた。日本人の派遣切りの前に真っ先に、かれら日系人が解雇されたのだ。要するに「もう必要がないから帰れ」と言ったのである。だが、この制度を利用して帰国すると三年は再入国できないため、四～五万人は自費帰国したと言われている。それからまだ、一〇年もたたないのだ。

もちろん、帰国しない人も多かった。日本での滞在が長期化するうちに、日本での永住権を得て、すでに母国の家などを処分している人、日本で生まれ育った子どもが日本語しか話せなくなっていたケースもあったからだ。日本に定住することになった外国人労働者の子どもは、日本社会の中でどのように育っていくのだろうか。

二〇一五年の国勢調査によると、六～一七歳の外国籍の児童は約一五・四万人いるが、同年、日本の公立の小中高に在籍している外国籍の児童生徒は約七・六万人である。この他にインターナショナルスクールやインド人学校・中華系学校など外国人学校に通う子どもたちもいるが、その定員は限られている。

特に一五～一七歳の高校生に当たる年齢の外国籍の若者は国勢調査では約四・八万人いるが、文部科学省のデータを見ると公立の高校には約八七〇〇人、私立高校には約四二〇〇人しか在籍していない。

おそらく、**数万人単位の不就学の外国籍の子どもたちがすでに日本には存在していると思われ**

るが、その子たちがどこで何をしているのか、ちゃんと教育を受けているかどうかもわからない。

労働者不足解消のためにもっと外国人労働者を、移民を受け入れるべき、家族帯同も認めるべき、というのは簡単である。しかし、大人は自分の意志で来るからよいとしても、日本語を母語としない子どもたちに十分な教育を与える仕組みはまだできていない。実は日本国籍を持つが、日本語が不十分で日本語指導が必要な子どもたちが約一万人(二〇一六年)、日本の学校に通っている。さらに日本語指導が必要な外国籍の児童生徒も約三・四万人いる(横浜の学校からの筆者の聞き取りによる限り、親の多くは日本での永住を望んでいる)。日本語指導が必要な児童生徒のいる学校には教員の加配はあるが、その急増に学校現場や先生たちの努力だけでは対応できない状況になりつつある。横浜にはすでに日本人の方が少数派という公立学校もある。

日本が子育て支援に消極的な国であることはすでに見てきた通りである。最近ようやく「貧困の連鎖」という言葉が広がって、親の経済格差が学力格差や人生の機会格差にも結びつくことが知られるようになってきた。生活困窮者への学習支援や奨学金制度の改革など始まったばかりである。それでも日本人の子どもたちについてさえ、「子どもを育てるのは親の責任」と支援に疑問の声が出るくらいなのだ。

だが、日本語が不十分なままだと、学力も身につかない。そんな状態の子どもたちがどうやって日本で暮らしていけるだろうか。日本籍・外国籍を問わず、日本語指導が必要な子どもたちの支援に、どこまで資源を投入する覚悟があるのか、私たちは自らに問わなくてはならない。

受け入れ体制をつくっていく覚悟と努力

外国人市民の社会的統合、日本社会との共生を達成するには、日本側にそれだけの受け入れ態勢や人手も必要である。外国人市民の町内会への勧誘や防災訓練を一緒にするなど、社会的統合を進める努力をしている地域もある。

たとえば、横浜には日本人と外国人市民の共生がうまくいき、外国人市民の若者が防災リーダーを務めている地域もある。だが、その地域のつながりは一九八〇年代のインドシナ難民の受け入れから始まり、中国残留日本人の帰国者の受け入れと、長きにわたって地域の人々と帰国者、外国人市民それぞれの試行錯誤と努力によってつくられてきたものである。横浜全体でそういうことができているわけではない。しかしそれも、一気に外国人市民が増えてしまうと難しくなる。日本社会の受け入れ体制が整わないだけでなく、人数が多ければ独自のコミュニティをつくれるので、外国人の側も日本社会に適応する必要性を感じなくなるからだ。すでに多くの地域ではその準備のないままに、外国人人口が増加し始めている。

外国人労働者を雇う会社は人件費が抑えられたり、人手不足の解消になるかもしれないが、それに付随する生活支援や家族の受け入れ、日本語教育にかかるコストは誰が負うのだろうか。

横浜市では、母子手帳も八か国語あり、予防接種や就学案内、保育園の申請案内も多言語で作成されている。また市民による多言語の通訳ボランティアを組織し、役所の窓口や学校の保護者会や個人面談など公的機関には派遣している。だが、それにも限度がある。増えるニーズにはや応えられないのだ。

外国人市民も日本人と同じように生活保護の申請をしたり、子どもの障害認定や育児放棄などで児童相談所も関わることがあるが、その時も通訳が必要である。もちろん、在住外国人も支援を受けるばかりでなく、支援する側に回ってくれる人もいる。いま在住者が増え続けていることでベトナム語の通訳ニーズも急増中だが、横浜市では在住ベトナム人市民が助けてくれる。しかし、役所の窓口で複雑な制度を通訳できるような人は、普通のビジネスで通訳すれば一日一〇万円の報酬は得られる。そんな人に、交通費程度しか出ないボランティアで何度も役所での通訳をお願いするにも限度がある。

今後は外国人労働者受け入れの拡大に備え、外国人の相談窓口の一元化やインターネットでの日本語教室を充実させ、医療の多言語案内などを充実させるというが、簡単な話ではない。必要なコストをかけなければ、十分な支援体制はつくれない。しかし今でも圧倒的に人手も支援も足りておらず、コストをかけたとしてもこれ以上の人手や資源がどこから掘り起こしできるかはわからない。

体制整備のコストは行政に転嫁される

実は一九九二年、旧労働省職業安定局は『外国人労働者受入れの現状と社会的費用』で、外国人労働者の受け入れのメリット・デメリットについて検討している。この報告書では、**外国人労働者が単身で来る「出稼ぎ期」と、結婚して世帯を構える「定住期」**(配偶者は働かない)、**そしてその後子どもが二人生まれる「統合期」と、三つのライフステージでどのようなコストがかかるかを試算している。**

かれらが日本人と同程度の所得を得て働いた場合の納税や社会保険料などの社会的便益と、同時に生活者として医療や教育を日本人と同じように受け、外国人向けの通訳サービスや日本語教育などを整備した場合の行政コストの、いわば「入り」と「出」の試算である。

五〇万人の外国人労働者を受け入れた場合、単身では「入り」の方が多いが、配偶者が来た場合はコストが便益の倍になる。さらに学齢期の子どもが二人いると、教育費や住居対策費が必要になり、扶養家族が増えるにつれ税収も下がるため、一年でメリットの四・七倍に当たる約一兆四〇〇〇億円ものコストが発生するという。

このように、外国人労働者を家族も含めて受け入れ、教育や医療、さまざまな行政サービスを提供するには、莫大なコストがかかるということはわかっていた。そのため技能実習生に家族帯同が認められなかったのである。**今になってもそのコストを正面から議論せず、受け入れ態勢は未整備なまま、人手不足解消のために外国人を招き入れている状態**である。

一九九二年は、ブラジルからなどの日系南米人の受け入れは始まったばかりだったが、その状況もこの報告書では調べている。

その結果、日系人労働者は、雇用主が①社会保険に入れていない、②日本語研修も実施していない、③住宅も整備していない、④安全衛生に関し特別な措置を講じていない。だからこそ雇用主にとっては安上がりである。しかし、それはつまり自治体が国民健康保険に加入させ、日本語教室を開き、公的住宅に入居させるなど、社会コストが行政に転嫁されている、つまり私たちの税金で賄っているということだ。これらの必要なコストを企業が負担すれば、日本人より外国人の労働コストは高くなるはずだという。

この時に受け入れコストを正面から議論せず、受け入れ体制も未整備のまま、日系南米人など外国人労働者に十分な日本語教育を実施しなかったことが、今になって問題を生んでいる。たとえば群馬県大泉町では、町内の在住外国人比率より、生活保護受給者に占める在住外国人比率が高くなっている。この背景には、日本語能力が不十分なため、再就職が難しいことがある。

まだ働ける年代の人たちには日本語教育と職業訓練を受けてもらい、再び社会で活躍してもらうようにすることも必要である。筆者も横浜市国際交流協会で働いていた頃、国際結婚で日本に来たフィリピン人の女性たちに日本語訓練を受けてもらい、介護施設で働けるように支援した経験がある。いつも難しいことは子どもに通訳してもらっていた彼女たちは、「日本語を習得し、社会で人に役立つ仕事をする姿を子どもに見せられるようになってよかった」と言っていた。もちろん日本語学校に通えるような時間とゆとりがある層は、恵まれていることも確かだが、できることからしなくてはならない。

移民は人口問題を解決するか？

また、外国人の受け入れ（移民）が将来人口を通じ社会保障に及ぼす影響に関する試算（石井太ほか「外国人受入れが将来人口を通じて社会保障に及ぼす影響に関する人口学的研究」）によると、現役人口が移民として来れば、各種扶養負担が一気に重くなることを遅らせるが、その効果はいずれその外国人人口の高齢化とともになくなっていく。本格的に現役世代を増やし、現役世代の担う社会保険料や税の負担を減らすには、外国人市民にも次世代育成の本格的な支援が必要であるとされている。そもそも子どもを産み育てにくい日本では、移民を受け入れてもそれは一代のことで、次世代の子どもが生まれにくいというわけだ。

それに対して原俊彦（「縮減する日本社会の課題」）は、移民が日本に文化的統合・適応したうえで、家族を形成し人口再生産をするには、日本人の同世代以上に手厚い支援が必要であるという。そしてそういった手厚い支援は日本人にも保障されるべきであるし、出生率の回復には日本人への支援の方が効率的であると述べている。**外国人労働者や移民の受け入れは、一時期の労働者不足を補うかもしれないが、長期的に見れば、現在の日本社会の体制のままでは長期的な解決にならないという。**

それでもとにかく人手不足の解消に外国人労働者を受け入れ、短期間で帰国させるのはもったいないから在留資格の延長も認める、ということになれば、それはおのずと永住権を持つ人を増やすことになる。そしてその人たちもいずれ、年をとる。かれらの老後の生活をどう保障し、誰が見るのか。さらに不況になって失業者が増えた時にはどうするのか。外国人労働者の受け入れ拡大がもたらすメリット・デメリットを議論し、今後の日本社会をどういう方向で形成していくのか、そこに外国人の存在を組み入れた、総合的なビジョンが必要なのだ。

そもそも人口ボーナスという恵まれた時期と経済成長期が終わってしまった日本とは違って、アジア諸国は経済発展している。送り出し国と日本との賃金格差が縮小すれば、かれらも日本に来る動機づけがない。すでに技能実習生の送り出し国の中心は中国ではなく、ベトナムである。しかも、一部の企業の技能実習生へのひどい扱いは、多くの人に知られてきている。**外国人労働者がいつまでも安く雇える、と考えるのは大まちがい**である。

若者を安く使い捨てしたのと同じように、必要なコストをかけないで、十分な支援策も講じず、

ただ安く外国人労働者を働かせればよいという姿勢では、いずれ大きな社会的なツケを支払うことになるだろう。今の人手不足さえ乗り切れば何とかなると、場当たりの対応を重ねるのは、「失われた二〇年」で若者を犠牲したように、また同じ失敗を繰り返すことになりかねないのだ。

《対談》常見陽平×前田正子

それでも未来をつくっていくために

（写真＝田中みどり）

「処置」しかなかった日本

常見　僕は一九七四年生まれの、まさに団塊ジュニア世代なのですが、当事者の一人として、前田さんが、平成最後の年にこの三〇年を俯瞰する分析を行ったこと、そして最大の問題としての少子高齢化、いや「無子高齢化」という問題を抽出されたことに、非常に共感しました。これは貴重な仕事であり、問題提起です。

三〇年近くにわたって、団塊ジュニア、ポスト団塊ジュニア世代に対する、経済、雇用、教育の具体的な援助がきわめて少なかった。各種の統計を見ても、折に触れて警鐘は鳴らされていたにもかかわらず、有効な手立てがほとんどとられていなかった。気づいてみたら、「貧しい若者」どころか「貧しい中年」の塊をつくってしまった。これは、罪深いのではないかと。

トヨタ自動車工業の副社長だった大野耐一さんによれば、トヨタ生産方式の現場には「処置」と「対策」という言葉があったそうです。「処置」とは、現場で、たとえばベルトコンベアが止まった、さてどのように故障を解明して再起動させるかという対応のことであり、また「対策」というのは、そもそもよく止まるのはなぜか、機械そのものが老朽化しているのか、メンテナンスに問題があるのか、技能員のスキルに問題はないかなど、真因にアプローチすることです。

前田　まさに日本は、少子化について「処置」しかしてこなかったのです。さまざまな現象から、ほんとうの原因を見つけて、射程を持って行う「対策」がなかった。若者の未婚化の進展の背景には個人の価値観の変化があったのは確かですが、それのみに注目して、さらにその底にある社会の構造的変化には気づかなかったんですね。

第4章にも書きましたが、私自身が、一九九〇年代には何もわかっていなかったのです。九〇年代半ばに米国から戻ってきて、保育園探しだけでへとへとでした。丸の内で働いていましたが、駅から丘の上にある保育園にダッシュしてお迎えに行くような毎日で、子どもを保育園に預けて、どう働くのかで精一杯。丸の内はある意味特殊な世界ですから、一緒にいるのは仕事のある人ばかり。世の中で何が起きているのかわかっていなかった。でも、職場に「非正規」といわれる人、派遣や契約社員の人が増えていて、自分とは呼び名の違う人たちがずいぶんいるんだなという実感はありました。

その人たちが実際にどういう状況で働いていたのか、そのまま働き続けて年齢を重ねるとどうなるのかをちゃんと知ったのは、お恥ずかしい話ですが、二〇〇三年に横浜市の副市長になってからです。

介護保険の窓口に親の介護の相談に来る人の状況を詳しく聞くと、親が高齢になって介護が必要になったが、ずっと非正規や派遣で働いていていて貯金もなく仕事を辞めたら食べていけない、というわけです。中には親の医療費や介護費用が払えないような、生活がギリギリの人もいました。それで初めて、ああ、自分の職場にもたくさんいた非正規や有期雇用だった人たちが今こうなっているのかと、自分の中で可視化されたのでした。

常見　今思うと、九〇年代はマンガやドラマなどでも、それまで正規ルートとされてきた「大学を出て企業に就職する」というルートに乗っていない人たちを、「自由を謳歌している人」として描いていたんですね。「自己責任」だとも言われました。

それが、二〇〇〇年代になって、ようやく社会は、どうやら若者が大変なことになっているぞ、と気づいた。学術・研究の世界でも玄田有史さんの『仕事のなかの曖昧な不安――揺れる若年の現在』(中央公論新社、二〇〇一)がサントリー学芸賞を取って、その後、批判も含め「ニート」という語も広まりました。

第4章で山田昌弘さんの提起した「パラサイト・シングル」を取り上げていますが、ここで描写された「実家が好きでたまらない女性」と、「職がなくて、しかたなく親と同居せざるを得ない人」とが混同されて、社会通念として定着してしまったことはその通りだと思います。「自立できない若者」が「社会問題」なのだという認識がなかったわけです。

前田　そもそも「パラサイト・シングル」は、本が出たのは一九九九年ですが、九〇年代前半のバブルの残り香の中での調査が基になっているのです。大人はバブルの認識の中で若者を見ていたから、そこで何が起きているかわからなかったんですね。

構造的な変化であることを理解できなかった

常見　こうして俯瞰して明らかになるのは、そもそも構造が変わっていることに気づかず、政治家も経営者も、学者でさえも短期的な景気の循環の一側面であると認識していたことですね。日本社会全体が、構造変化についてあまりに無頓着だった。もう一つは、まさに平成も終わろうとする現在にいたっても、社会システムのほとんどすべてが昭和の前提で議論されていることにあらためて驚きます。安倍政権にしても、「戦後レジームからの脱却」と言いますが、「昭和レジーム」にしがみついているのではないでしょうか。

前田　みんな今さえ乗り切れば何とかなると思っていた。そもそも数年の我慢だと思っていたのです。「失われた二〇年」になるなんて誰も思いもしなかった。

社会のシステムがあまりにも変化に対応していないという点については、大上段のようですが、国民の責任も大きいと思います。よく言われるように、日本の福祉は高齢者への比重が大きく、人生の前半、子育てや若者への支援はきわめて少ない。それを社会の未来のために、政策転換に舵を切るには、大きなエネルギーが必要です。横浜市役所で仕事をしていて感じたことですが、子どもに投資するのは正しいと、議論の段階ではみんな言うのです。でもそれを具体的な政策として実現していくには、民主主義である以上、社会の多数派の支持が必要になってきます。そしてパイは限られていますから、子どもに配分しようとすると、代わりに何かを止めなければならない。事業は新たに始めるより、止める方が何倍もエネルギーが必要です。どんなに現場の職員が必要性を感じていても、社会の中で声が大きいのは成人、それも高齢者ですから、子育てや次世代育成、少子化対策には結局資源が配分されないのです。

「就職氷河期」という言葉の初出は一九九二年

常見　「世代効果」という言葉が使われていましたが、前田さんも私も大学教員をしていて、若い世代と接している中で見えてくるのは、この二〇～三〇年でつくられた悲劇です。確実に「親も貧しい、子も貧しい」という層が一定数存在する。ただ就業構造上、就職のために大学に行かざるを得ない。いまオリンピック需要とか人手不足で肉体労働の求人が回復していたり、高卒の就職がよくなっていますが、とはいえ高等教育機関に進学する人がマジョリティとなった。

先日、高校の大同窓会を率いる幹事期に当たって、同窓会報で同期座談会をやりました。僕の他には大学の教授、外交官というメンバーでしたが、そこでも話したのは、「僕ら一七歳までは人生楽しかったね」と。

バブル以前にも高度成長の名残、あるいはバブルに向かう高揚感があって、何せ一九七四年生まれの僕らの代は一八歳人口ベースで約二〇五万人、その前の七三年は第二次ベビーブームのピークで、同期が約二一〇万人いるわけです。僕ら団塊ジュニア世代は、新たな消費のターゲットとして、ファミコンやラジコン、ミニ四駆などの狙い撃ちにあって、楽しく消費「させられ」て来ました。

前田　いまでも女性誌のメインターゲットは四〇代ですよ。その後のポスト団塊ジュニア世代が雇用においては最もつらい目に遭いましたから。

常見　九三年に大学に合格して、札幌から母と上京して下宿を探したとき、これも昭和の名残の、パンチパーマにサングラスでクラウンを乗り回している、いかにもな不動産屋さんが、母に向かって「奥さん、息子さんが一橋に合格して、もうレールに乗ったから安心だね」と言ったんです。母子家庭だったのですが、女性をみると「奥さん」と呼ぶのは御愛嬌として(笑)。僕は三割くらいは気恥ずかしいようなうれしいような気持でしたが、同時に七割くらいはもうそんなわけないだろ、という気持でいました。

ちなみに、「就職氷河期」という言葉が初めて使われたのは、リクルート社の『就職ジャーナル』一九九二年一一月号なんです。

前田　新語・流行語大賞で審査員特選造語賞を受賞したのは一九九四年ですよね。それ以前にすでに就職雑誌には載っていたのですね。

常見　そうです。つまり、僕が大学に入った九三年にはもう「就職氷河期」という言葉は使われていたんですよ。

平成が始まったのは一九八九年、バブル期だったわけですが、実はバブルだった時期は非常に短い。一九八五年にプラザ合意と男女雇用機会均等法の制定（八六年施行）があって、バブル期の中心は八八〜九〇年の三年くらいでしょう。九〇年三月の大蔵省（当時）が出した通達「土地関連融資の抑制について」、いわゆる総量規制と、日銀の金融引き締め政策が景気後退の要因とされていますが、おもしろいことに、言葉として「バブル」が認識されるのは九〇年頃、つまりバブル景気が終わりかけているときなのです。九〇年の流行語大賞・流行語部門の銀賞が「バブル経済」なんですね。そして、九一年三月がバブル崩壊。

世界でも八九年は冷戦崩壊、天安門事件、九〇年には湾岸戦争が起こるなど激動の時期です。そして九〇年はまた、日本が世界銀行からの借り入れを完済した年です。八九年からの約一〇年は、ＯＤＡ拠出額が世界一位ですし、ソニー会長だった盛田昭夫さんと石原慎太郎さんの『「ＮＯ」と言える日本』（光文社）は一九八九年、天安門事件などに関してもアメリカとは違うスタンスを示したりする「国力」がありました。いま「美しい日本」とか「とてつもない日本」とか言いますが、それ以前に、当時は「アジアを代表する国、日本」だった。

そして、僕が大学に入った九三年は、自民党が初めて下野して、細川内閣＝非自民・非共産八党派連立内閣が誕生した年でもあります。その頃から三〇年で、「貧しい」と言ったら語弊があるかもしれませんが、格差のある国になってしまったと実感しますね。

前田　私は常見さんより一回り上ですので、大人になるまでは、日本が成長している、豊かになっている、という実感がありましたし、確かに街もどんどんきれいになり便利になりました。一九八〇年代は確かに、日本がアジアで最も豊かな国でしたし、海外でも日本製品が評価されていました。

最近、学生たちと一緒に上海に行ったのですが、彼らは上海の町の持つエネルギーに圧倒されていました。学生たちは一九九〇年代の終わりに生まれてますので、生まれてからずっと日本が縮小していく姿しか見ていない。成長期の日本の町や人々が熱気にあふれていた時代を知らないんです。日本人の学生は歩くのもゆっくりで、上海の人のペースについていけない。歩くスピードも速い上海の人たちを見て、成長期には人々のもつ勢いが違うのだなあと思いました。

私が最初に中国に行ったのは八〇年代半ばです。当時はまだ自転車で溢れていた上海に、神戸から鑑真号という船に乗って行きました。三〇年以上たって経済的ポジションが逆転したことを痛

感じました。

ほんとうに凍り付いたのは二〇〇〇年代前半、ポスト団塊ジュニアを直撃

前田　第3章でも書きましたが、ちょうど『ジャパン アズ ナンバーワン』が一九七九年で、日本型経営が称揚され、その約一〇年後にはバブルが来る。高度成長をもたらした成功体験の呪縛から抜け出せないままバブルがはじけて、格差のある「貧しい日本」になっていく時、雇用調整というかたちで直撃されたのが団塊ジュニアとポスト団塊ジュニアです。

そして、実はポスト団塊ジュニア、七四年生まれの常見さんよりも後の人たちが、就職に関してはほんとうにつらい目に遭っている。

常見　そうなんです。九〇年代に広まった就職氷河期という言葉にだまされてはいけなくて、ほんとうに凍り付いたのは二〇〇〇年代前半です。

新卒の就職については、リーマンショックの後が就職氷河期再来と言われましたが、実はそうではない。確かに混乱がきわまった二〇一〇年卒業は非常に悪いけれど、二〇〇〇～〇四年が最悪です。それに経団連が日本的雇用の見直しを一生懸命やっていたのは二〇〇〇年代、新卒採用を止めた大手企業が多いのも二〇〇〇年代前半です。そのダメージをいまもひきずっています。

前田　一一一頁の表4-2にもまとめていますが、二〇〇〇年から二〇〇四年まで、大学卒業

生のうち、職のない無業の人とパート・アルバイトの人が約四人に一人になっています。団塊ジュニアの場合は、新卒の就職率はまだそれほど悪くなかったでしょう？

常見　ええ。ただ、これまでのように大手企業にはなかなか行けないぞ、という空気でしたね。その間に派遣労働もどんどん規制が緩和されていきました。僕はリクルートという合理性の権化のような会社にいたのですが、プレイングマネージャーという、課を持たない管理職の仕事を、僕が辞める二〇〇五年頃には派遣社員がやるようになっていましたね。

前田　それは、能力の高い派遣社員が、それまで正社員がやっていた仕事を安くやるようになったということですね。さらに玄田有史さんたちの調査でも、氷河期世代以降の給与は、正社員になった場合でも、プレ氷河期世代より低いことが明らかになっています。

フリーターはほんとうに「究極の仕事人」か

常見　「自由な働き方」だとか「新しい働き方」をちらつかされて、結局苦労して、安く使いたたかれてきた。

フリーターについて、「社会を遊泳する究極の仕事人」と、一九八七年にアルバイト情報雑誌『ＦｒｏｍＡ』の編集長だった道下裕史さんは定義しました。今で言う「意識高い」系ですよね。

僕はまさに、それまで正社員で苦労して働いてた人に、派遣でのびのび働きましょうと煽っていた『とらばーゆ』という雑誌の編集部にいました。よく『とらばーゆ』は女性の社会進出を後押ししたと言われますが、それは七割くらいウソです。

要は「安いから女子を使おう」という話です。「残業手当もつきます」なんて「ついて当然だろう」とよく思っていましたね。間に派遣会社が入っているからきちんと権利が守られるというのも、理想型はそうですが、現実は決してそうではなかった。

フリーランスも少し前言われたノマドも、「ルールにとらわれるな」という煽りも、結局若者を安く便利に使うための手段。先ほども言いましたが、社会のシステムの大半は昭和のままですから、昭和と平成のはざまで戸惑っているという状態ですね。

前田　女性の非正規率は高いままです。かつては既婚女性がパートで働いていたのでしょうが、未婚率が高い今では、未婚非正規の女性が増えています。さらにもっと問題なのは、初職が非正規という女性が増え続けていることです。職業生活のスタートがそもそも非正規。そして女性の場合は、男性と比べて非正規から正規雇用に移れる可能性も低い。「女性の活躍」と言われながら、結局女性は安く働かされているのではないか、と思います。しかも、女性でも初職が非正規だとその後の結婚確率も低い。正社員として恵まれた立場で結婚も子どももと、すべてを手に入れる環境やチャンスに恵まれている女性と、そうでない女性の格差が広がっていると思います。

みんなでこの国を貧しくした

常見　僕はモノが好きだし、人前に出る仕事をしているので服にもお金をかけるのですが、よく「バブルの人だね」とか「あなたもUMSに救われなさい」と言われるんです。Uはユニクロ、Mは無印、Sはサイゼリヤです。デフレカルチャーの象徴ですよね。もちろん、確かにいい物が安く手に入るし、それは人々を既存の生活から解放するかもしれないですが。こういうものが衣食住のルールを変えている。いまや老舗百貨店にユニクロが入ったり、以前、百貨店が入っていたビルは家具量販店、家電量販店に変わっていっています。

前田　私も学生と話しながらもほんとうに迷うのは、賃金の低さが未婚化につながり、少子化、無子高齢化をもたらしているんだと教えたら、学生はみんな最低賃金を上げるべきだと言います。でも、「そうするとユニクロのフリースが三九九〇円とか四九九〇円になるけど、みんな買うよね？」と聞くと、「それは困る」となってしまう。ユニクロでアルバイトする学生もいますが、なかなか長続きしない。理由を聞くと、人手が少ない上にアルバイトでも求められる接客レベルや労働密度が高く、きついというのです。

結局安くても高い品質やサービスを追い求めることが、回り回って自分の首を絞めていると思うのです。この本でも「何がほんとうの働き方改革なのか」ということも問いかけているのですが、最低賃金を上げると、これまでのような安さは諦めなければいけない。もちろん、それにふさわしい生産性の向上もする必要があります。

必要なのは、生産されたものや労働に対して「正当な対価」を支払うということについて、再確認することではないかと思います

常見 それには非常に共感しますね。僕はよく言っているのですが、東京のような大都会の中心で、コーラが一〇〇円で飲めるということは「貧しい」のだと思うのです。最低賃金はいま上がってきていて、東京では九八五円、大阪でも九三六円。アルバイト募集のコンサルタントをしている知人によると、もう二年くらい前から、飲食を中心に時給一〇〇〇円以上の時代が来ているといいます。

つまり、賃金の上がり方と物価の上がり方のバランスがとても悪いんですね。

日本は世界の中堅中小企業

常見 二〇一八年五月に、参議院の経済産業委員会に呼ばれて、生産性向上特別措置法案、産業競争力強化法の改正案について意見を聞かれたとき、「今の日本は、『マッチ売りの少女』だ。儲からないビジネスをやっているから苦しい。なぜ、ライターのような高付加価値の商品を売らないのか」「(スマホの配車アプリの)ウーバーが脅威と言うが、そもそも、なぜ日本はウーバーを

つくれなかったのか」という話をしました。

また、先日関西財界セミナーというところに呼ばれたのですが、総合商社の関西支社の執行役員の方が「そもそも日本が世界経済の中で中堅中小企業的位置づけになっていることを自覚すべきだ」とおっしゃったんです。これは建設的な意見で、ｉＰｈｏｎｅに日本の部品がいくつ使われてる、という話で満足していてはいけない。美味しいところはすべてアップルが持っていく。「世界の中の日本」を意識した産業づくりが必要なのだと思います。

前田　関西の家電メーカーにしても二〇〇〇年代に多くを臨時工に替えたために、現場の生産ノウハウや技術が蓄積・継承されず、さらに製造業の足腰が弱くなるということが起きています。

常見　そこは重要な点で、いまこそ野中郁次郎・竹内弘高の『知識創造企業』(東洋経済新報社、一九九六)をきちんと読み返すべきだと思っています。これは日本の景気が良かったときの思い出話とするのは誤読で、日本の組織、企業のどこがよかったのか、を見直すための本なのです。二〇〇〇年代の雇用調整は、組織の足腰を弱くしたと思います。

いま日本は毎年のようにノーベル賞を取っていますが、それも九〇年代までの研究成果です。イノベーションは非連続に起こるものですから、常にお金を投下していく必要がある。

前田　日本は「安く、便利に、ものを売る」ということしかやってこなかった。付加価値の高い商品を作るという方向に、ほんとうは向かっていない。それで日本人の人手が足りなくなって時給が高くなったら、今度は外国人を連れてくればいいという発想なのです。もちろん付加価値が高いモノづくりといっても、簡単ではないことはわかっています。

常見　「付加価値の高い商品」と口ではどの経営者も政治家も必ず言いますが、実現できていない。結局自民党も経団連も経産省も、豊かな次世代産業などつくれなかった。若者の労働を買いたたいただけです。

やはりこれだけ一生懸命働いても民が貧しい国って、おかしいと思うんです。前田さんの書かれていることからも浮かび上がってくるのは、「みんなでこの国を貧しくした」という事実。それが次世代を生み出せない社会になった根幹にあって、婚活も保活も結局付け焼き刃です。

前田　「失われた二〇年」というのは、結局若者を犠牲にして企業が生き延びた時代でした。その犠牲によって何が実現したかと言えば、日本人が必死で働いて貧乏になった二〇年、少子化がさらに進んで日本の将来が危うくなった二〇年ですね。

国民に目を向けていない政治

常見　政治にしても、右と左の対立という構図からなかなか脱却できなくて、国民の生活や未来を見ようとしてこなかったのではないでしょうか。そもそも、今時の右と左とはなんでしょう。民主党政権になった時も、自民党に再政権交代した時も、基本はお互いの否定に終わってしまった部分が大きくて、国民の方に目が向いていない。

前田　「コンクリートから人へ」という言葉を掲げた民主党も、抜本的な次世代育成や少子化対策へと舵を切ることはできなかったし、自民党は民主党の施策の否定のために、子ども手当の名称変更をするなど、それが実務を担う自治体にムダな事務作業を生じさせるだけでなく、市民からの「分かりにくい」という苦情をどれだけもたらすか、まったく考えていない。労力もお金もほんとうにムダにしています。

常見　安倍首相は、まさに九三年、自民党が結党以来初めて野党だった年に初当選しています。しかも第一次安倍政権の時には、ふがいないかたちで首相の座を降りて、民主党政権になっているという体験があるから、野党のことを気にしている。敵である野党を否定しないではいられないんです。

小泉純一郎氏の場合は、敵は自民党でしたから、「自民党をぶっ壊す」と言っていた。

誰もが付加価値を生み出せる産業で働けるわけではない

前田　生産性ある産業をつくれなかったのは、私たちみんなの責任なのでしょうか？　知恵が足りなかったのか、そもそもそんな力がないのでしょうか？

常見　難しいですね。企業は日々この問題と向き合っているし、個別には成功している場合もあるわけです。たとえばキヤノンは、生命線はプリンターではなくインクリボンでしょう。いまやプリンターが四〇〇〇円で買える時代です。日常的に家でも写真を印刷するわけだから、消耗品であり、利益率の高いインクリボンを売った方が利益率が高い。キヤノン製品で固めた方が最高に便利に使うことができるというシステムをつくり上げている。

問題は、付加価値を生み出せる産業は、誰もが働くことができるものではなかったということだと思います。

前田　確かにオペレーションのコストを下げることでイノベーションを起こしたケースばかり目立ちますね。

常見　いまメイドインジャパンの先進機器ってあまりないですよね。工場は移転したし、世界シェアで負け始め、新しい産業の担い手が生まれていない。それはアメリカもそうで、時価総額のトップにはGEもGMもいなくて、アップルとアマゾンが一位を争っています。結局ITと金融はアメリカが牛耳っているわけだし、そこでいま日本の存在感はまったくといっていいほどない。グローバル化をアメリカ化とだけ見てしまった時点で、日本は産業的にも属国になったのです。

前田　それは先進国共通の課題ですね。かつて自動車産業がそうだったような、広く吸収力のある次世代の産業がなかなか生まれない。不可価値の高い、待遇のいい産業で働けるのはごく一部の人で、それ以外の人々は都市のサービス業に、細切れの労働時間で従事するしかなくなっています。

常見　「高付加価値の成長産業に人手を誘導しよう」と、与野党問わず政治家は言います。しかし僕は、「雇用の流動化」と言いつつ人を辞めさせやすくする方向に誘導しているように見えます。ＩＴ産業で働くことができる能力のある人は限られているし、需要があるからといってみんなが介護産業に行くかといえば、現実は過酷な働き方が強いられ、待遇も悪い。離職率も高いです。

そして、前田さんも書かれている、いまここでお話ししたような三五歳から四五歳の世代に起こったことが、いま、なかったことにされているように感じています。

前田　確かに、いまは人手不足で、新卒の若者は望めば正社員になれるから、一昔前に起こったことが消えていっていますね。でもそれこそ「世代効果」で、人口構造から見ていけば「なかったこと」にはならない。若者を犠牲にしたことが「少産多死」「無子高齢化」というかたちで社会に刻印されていくのです。

「若者を耐えろ」

常見　極論ですが、三五～四五歳については、年収に応じて現金を配ればいいと思う。

前田　おっしゃる通り三五～四五歳はぐっと年収が落ちているんです。就職はできても、待遇のいい大手企業には入れなかった。入れた会社は小さかったり、待遇が悪いから転職を繰り返すという負の連鎖にも陥りやすくなっていたんですね。また大量採用されたバブル世代が上にいるから、昇進もしないし、会社の体力が落ちているから教育もちゃんとされない、その状況がおそらく定年までずっと続くという、何重もの負荷がのしかかっているのです。

常見　それを僕は「若者の高齢化」と言っています。「若者を耐えろ」というか、僕たちはずっと若者でいさせられている。

前田　お金もなく、いい仕事もなく、自由かもしれないけれど、ずっと不安定。「若者のままでいろ」というのは、そういうことですよね。当然、結婚したくてもできない。結婚はぜいたく品です。その人たちがいま三〇代後半から四〇代の「中年・壮年若者」になっています。いまはまだまだ若くて日々の仕事をしているので、問題化していない。そして今の新卒は人手不足でちやほやされているため、壮年若者は「ない存在」になっています。

常見　バブル崩壊後も、高齢者のリストラと雇用問題をどうするかは議論されたけど、行政上も「若者問題」というものは存在しなかった。

前田　私が横浜市で働いていたのは二〇〇三年から二〇〇七年ですが、最初にお話ししたように、現場には中年期になった非正規の人たちが「親が倒れた。介護をしていたら働けなくなって食べていけない」という相談に来始めていたのです。それぞれの人の状況によりますが、中には世帯分離をして親には生活保護を受給したうえで介護サービスを利用してもらい、本人にはどうにか働き続けてもらうようにするケースもありました。しかし、本人は不安定な非正規で働き続けるしかなくて、二〇～三〇年後には、今度は当人たちが高齢になって年金もない、ということで相談に来るのではないか、ということを、すでに職員は心配していました。

しかし地方自治体は処置しかできないんです。目の前の人の対処をするしかない。そもそもそういう人が出ないようにするほんとうの対策は国がやるべきことだと思います。でも当時、何が起こっているか、政治家や官僚にちゃんと現場の情報が上がっていたようには思えません。

「日本人再生プラン」を

常見　平成最後の年に『万引き家族』という映画が撮られ、カンヌ映画祭でグランプリを取るということは非常に象徴的で、現代日本では「貧困」が創作のテーマになったんだな、と感慨深く受け止めました。やっぱり世の中カネなんですよ。カネで救えることはたくさんある。

前田　団塊ジュニア、ポスト団塊ジュニアをこれからどうするか。

今の状況は社会の責任なのだから、ひきこもりの人でも今はスキルが低い人でも、一人ずつ実態を把握して、適切な支援や職業訓練をして社会に再度組み込んでいく努力をしなければならない。面倒だからと外国人労働者を入れる前に社会としてやらなくてはならないことだと思います。一五～三九歳の若年無業者は二〇一七年に約七一万人います。わざわざ連れてこなくても、すでにここにいる日本人の人材が埋もれているのですから。

常見　そもそも外国人に来てもらえると思うのが甘いですね。前田さんも書かれていますが、「労働力」である前に人間であることを忘れてはならない。人間は文化的、歴史的背景を持っているわけで、そこに無頓着であってはならないと思います。人間であれば家族もいるし、暮らしていけるだけの賃金が必要になってくるという、社会的コストも考慮すべきです。

こういうと右翼のようですが「日本人再生プラン」を掲げたらどうでしょう。外から人を持ってくる前に、「生活保護」がスティグマ的だというなら「自立・再生プラン」でもいい、先ほども言ったようにカネと仕事を配る政策をすればいい。「下流脱出ビジネススクール」でも、東京都なら年収四〇〇万未満なら月五万円を配るとか、いま必要なのは現物と具体的な職業訓練だと思います

希望格差、文化格差が広がる若年層

前田　いま大学生に向き合っていて、どういう職についていけばいいのか、何をして生きていけばいいのか、問われると、ほんとうに悩ましいのです。

常見　いま若い世代には、山田昌弘さんの言う「希望格差」が広がっていると感じます。有名大学にいる恵まれた学生の中には、もうアクションを起こしていて企業を立ち上げるとか、高校を出る時から海外大学を考えるとか、世界の中の日本と自分を見てプランニングしている人もいます。一方で、そうではない学生の間の格差は非常に大きい。相対的貧困問題という指摘は正鵠を射ています。

前田　親から援助が得られずに、バイトして勉強して、就活してバイトして、の繰り返しで、疲れ切っている学生もいます。関西から東京に面接に呼ばれても、最終段階に近ければ企業が交通費を出してくれますが、選考の早い段階ではそれもないです。時間とお金に限りがあって納得できる就活ができない学生や、奨学金で大きな借金を抱える学生もいます。

四年生の就活の真っ最中に親から「もう成人しているのだから、自分で生きていってくれ」と言われて、親から養育放棄された子もいました。そもそも授業料は奨学金で支払い、基本的な生活費は本人のバイトで賄っている学生でしたが、「先生、どうしよう」と相談に来たので、本人が世帯主になって国民健康保険に入ることなどを教えました。その学生の場合は運よく、祖父からの援助を受けて、就活期間の数か月を乗り切ることができました。生活費を稼ぐバイトに時間を取られ、就活できなかったら、無業で卒業することになります。援助してくれる祖父がいなかったら、どうなったか、自分に何ができたかと考えると無力です。

就職も決まり卒業もできる見通しが立った時、ほっとしたのか、卒論の打ち上げの場で突然、この学生は自分のことをみんなの前で話しました。他の学生たちも「子どもの貧困」や「見えない貧困」という言葉は知っていたのですが、自分の同級生がそうだったと知って、驚いていました。

常見 ジョブカフェなど雇用支援の現場で見ていると、非正規の若者はみんな生きるのに精一杯で転職活動なんかできない。そんな余裕がないのです。また、大学生も、いくら今は新卒の採用がいいと言っても、セブンイレブンとＴＳＵＴＡＹＡで週六日バイトの掛け持ちをしていたら、他に何もできません。お金がないだけではなくて、時間まで奪われているんですね。ｉＰｈｏｎｅの意味は大きくて、オンラインゲームで時間を盗まれていることに気づかないし、ユニクロとサイゼリヤとｉＰｈｏｎｅがあったら、自分の突きつけられている「貧困」に気づかないという要素もあります。

前田 バイトを止めたら生活できない学生の場合は、就活とバイトの歯車が狂ってしまうと、とても「いい就職」なんかできない。就活のための交通費を出してくれる親がいて、納得できるまで就活してもっといい企業を選べる余裕がある学生と、内定をくれる会社にとにかく行くしかない学生とでは、その後の満足度もまったく違ってきます。

そして、さらにそこに文化的格差が絡んでくるのです。エントリーシートを見てくれたり、面接の練習を一緒にしてくれる親や、いまお話ししているような社会の構造変化を認識している親がいるとか、さまざまな情報や知識を与えてくれて後押ししてくれる存在があるかどうかは、大きく関わってきます。

常見　ほんとうはもう人口も減っているし、「若者様」なんですよね。財政の問題はありますが、アンダー40にジャブジャブとお金を投じないと、まさに産業の担い手はいなくなるし、この国の将来はないと思います。すでに活力のない国になっているのですから。

少子化対策・若年支援庁をつくれ

前田　消費者庁がつくれたのだから、やはり少子化対策・若年支援庁のような横串の官庁が必要だと思います。今もっとも資源や国力を傾注すべきことが「無子高齢化」対策なのですから。第3章でも述べた通り、少子化対策はみな総論賛成だから政策も打たれてきたけれど、いかんせん場当たりで予算が小さい。まさに「処置」ではなく「対策」を立てる官庁が必要だと思います。

常見　確かに、厚労省と経産省と文科省が分かれているから就職問題が起こったのではないでしょうか？　タテ割りだと有効性の低い事業に予算がそれぞれに付けられることも多々あるし、省庁の管轄でできることとできないことが決まっていて、ワンストップがない。大きな予算を付けることも必要だし、うまく効率化したらその予算をもっと有効に使えるはずです。

前田　就労支援・貧困対策こそが、少子化対策、無子高齢化対策なのですから、世界的な構造変化に対応して、就労支援をしていくためには経産省の関与も必要かもしれませんね。

政治家はお金を配るのが好きだと思います。大きなアピールになりますから。地方自治体の現場からすると、そのお金を、縛りをつけないで現場にくれたら、もっと手厚い現物支給ができるのではないか、と思うんです。貧しい家庭にお金を入れるのもいいですが、それだけでなく親に稼得能力をつけることもやっていかないといけないと思います。

それこそ高校中退してしまった親なら、もう一度勉強して高卒資格を取る支援をする。いろんな資格を取るうえでも高卒というのが、重要な条件になっていますから。職業訓練校でも夜間の学校でも、教育を受けてもらって今よりも稼ぐ力をつけることが必要だと思います。

常見　いま言われているリカレントについても、ほんとうの本丸は、高卒の女性の再教育です。世の中の女性のマジョリティは、まだまだ高卒ですから。やや極論ですけど高卒の「元専業主婦、バツイチ、シングルマザー」という状況の女性を、学歴を上げて、いかに労働力として掘り起こし、まさに「稼ぐ力」をつけるか。これもいま、そこにある問題ですよ。

前田　離婚したシングルマザーと一口に言っても、学歴が高く仕事を持っている人は自立して生きていけます。たとえばひとり親家庭が緊急避難的に入る母子生活支援施設でのヒアリングでも、学歴と職歴があるお母さんは、無業状態から再就職して、施設から巣立っていくそうです。なかなか自立できないのは、それこそパソコンを触ったこともないような女性で、問題のある夫と離婚して働こうとしても、都市のサービス業、たとえば飲食業のウェイトレスしかない。それなりの対価のある仕事であれば、ウェイトレスだろうがレジ打ちだろうがかまわないわけですが、現実としてはきわめて低廉な賃金しか得られない。子どもの面倒もあるから、それで休めば時間給だとさらに低くなってしまう。それが日本の子どものひとり親世帯の貧困に直結しています。

そして児童虐待には、親の経済状態の不安定さが大きく関わっています。生活不安やストレスが弱い者への暴力などに向かってしまうのですね。親を責めるだけでなく、親に生活保障付きの職業訓練などを受けてもらい、安定した仕事に就けるように支援する。その方が、長期的には社会的なコストが低いのではないかと、よく思ったものです。

常見　そういう具体的な、それこそいまやっていることの一・二倍ぐらいの施策を積み上げていくしかない。今言われた児童虐待についても、どうすれば悲劇をなくしていけるのか。またアベノミクスにしても、施策の価値は、それで国民の生活は、普通の人の生活が豊かになったのかが肝だと思います。

行政は仕事の再配分を

常見　作家の赤木智弘さんと院内集会をしたときに、彼が言ったのですが、いまや仕事は「資源」なのだと。人間らしい仕事、真面目に働けば結婚でき、子どもも持てて、大学にもやれる、そういう仕事を掘り起こし、配っていくことが重要だと思います。

前田　仕事をつくることが資源の再配分ということですね。

常見　そうです。スウェーデンは家事労働も「仕事」にしたわけでしょう。

前田　保育もそうです。それは「日本型福祉」とは正反対なのですが、社会にあるいろいろな労働、まさにシャドウ・ワークだった介護や育児を発掘して、「仕事」化し、配っていくという作業をしたわけですね。

常見　行政がやるべきことを先進的な企業はやっています。そして、それらの仕事はさっきも言ったまともな仕事、正当な対価の支払われる仕事でなければいけない。

自民党の政策集を見ても今の働き方改革の本丸は、人手不足の中で、労働力の総動員なんですね。「危険な労働を安全に」という項目があるんですよ。簡単に言うと、テクノロジーの援用や業務の切り分けによって女性でも運輸や工場での機械のオペレーションなどができるようにしようということです。女性がまた働きたいとなった時、多くの人は事務を希望しますが、そもそもいま事務作業は減っている。むしろ今の工場は無菌のクリーンな環境だし、ラインごと止めるから定時で帰れます。石川県では女性を工場での労働に誘導しています。

前田　それは滋賀県でも同じような取り組みがあります。人手不足の中堅製造業が子持ちのママ向けの求人フェアをしています。しかも非正規ではなく正規採用。子どもが病気の時は遠慮なく休んでいいというのです。子どもはいずれ大きくなる。三〇代から働いてもらえば、二〇年は働いてもらえ、技能技術の継承もできる。何より、すぐに仕事を辞めてしまう若い子より、子持ちのママの方が根性があって長続きするというのです。

減っていく労働力の必死の掘り起こしですね。常見さんの言われたことのくり返しになりますが、問題はそこで正当な対価が支払われるか、です。

常見　これも赤木さんの受け売りですが、いくら最低賃金が上がったといっても、時給一〇〇〇円の仕事が真っ当な仕事と言えるのか。「健康で文化的な最低限度の生活」が送れる仕事なのか。

僕は妊活も保活もしましたが、それは本来必要なことではないかもしれない。妊活には五年と五〇〇万を費やしましたが、もっと早く、生物学的「適齢期」に子どもを持とうと思えていたら、この苦労、負担はなかったかもしれない。そして子どもが生まれても普通に働き続けられることがデフォルトだったら、保活に心削られる思いはしなくてすんだはずです。

「労働とは何か」が問い直されなければならない

前田　北欧のように、公的な住宅の補償や教育の無償化といった、それこそ「健康で文化的な生活」の出費の方を行政がカバーするということもありますね。日本は「大きな政府」ではないから、中間組織である会社が社員の福祉を担ってきました。でもそれは景気後退や常見さんのおっしゃる構造的な変化の中で削減され、企業内福祉は消えていった。そうなると日本には代わりになるものがないのです。

常見　昔の社畜はちゃんと飼っていただいてたから「社畜」なんですよね。社宅や寮や保養施設、社内のローンや奨学金のある会社もありました。いまはそこに企業間格差があって、それができる会社は優秀な人材の確保や人材育成のために、社員寮を充実させたりしています。そういう視点から働き方改革を見ると、結局お金のある大手企業がより強くなるためにやっている側面があって、全体の労働力や労働環境の底上げには結びついていない現状です。

前田　働くというのは人間の尊厳でもありますよね。

常見　だから「労働とは何か」ということがきちんと問い直されないといけないと思うんです。政府はそこを曖昧にしている。さっきも言った時給一〇〇〇円の仕事は、学生にとってはそこそこのアルバイトかもしれませんが、「ほんとうの仕事」とは言えないのではないか。

そこそこ稼いで、定時で帰って、そこで格差もなくて、仕事の範囲も決まっている人と、そして高度プロフェッショナル制度で、スーパーエリートたちが柔軟な働き方で、高付加価値の成果を社会に還元してくれる、という働き方改革のモデルが、本当に機能するならば、それは一つのあり方だと思います。しかし問題は、すべてがうやむやなままで進んでいて、結局搾取が進むのではないかという懸念が残るわけです。

前田　それは労働法学者の濱口桂一郎さんのおっしゃる欧米の先進国のジョブ型正社員モデルですが、同時に先ほども出たように、「そこそこの稼ぎで、家庭も持て、子どもを大学にやれる」ためには、住宅や教育などをすべて個人の給与で賄うのではなくて、生活の「出」の部分を公的に保障することがセットでないと成立しないですよね。

子どもにどのような未来を手渡すのか

前田　常見さんはいまお子さんが一歳三か月で、この活力のない国で、いま子どもを持つことをどう感じられておられますか？　もちろん結婚も出産も、個人の決めることでどこからも強制があってはいけない。そのうえで、結婚したい、子どもがほしいという素朴な希望を叶えられない社会に未来はないでしょう。

私が母親だということを学生は知っていますので、学生たちは「子どもはかわいいの？　子育てって大変？」と聞きます。いろいろ大変なことはあるけど、自分より大事な、愛する存在があることは、他では得がたい大きな体験だと、学生にも伝えています。しかし、望んでいても子どもに恵まれないこともあります。自分で産むだけでなく、特別養子縁組という縁もあるよと話しています。

常見　まさに日々得がたい体験をしていると実感しています。子どもを通じて見る社会はまた違っていて、少子化対策と言いながら、こんなにも子どもを育てることに冷たい社会なんだと知りましたね。仕事はサボれるけど育児はサボると子どもは死ぬかもしれないのに。

僕は自分の子どもを、どうしたらこの人を悪い意味でのグローバル資本主義や愛国心なきナショナリズムなどに毒されずに育てていけるかな、と、抗い続けようと決心しました。社会の将来を考えるようになりました。

そして、いかに必死で働かなくていい社会をつくっていくか、ですね。

さらに言えば、僕は子どもに、今のような無理して「日本スゴイ！」と言っている社会でなく、あらゆる世代にそれぞれヒーロー、ヒロインがたくさんいて、同時にヒーローでない人たちが尊厳を持って生きられる社会を残したい。

理不尽な理由で傷ついたり、倒れたりする人がいない社会にしたいですね。

今こそかつての左翼の夢をちゃんと振り返るべきだと思います。社会主義の夢、平等の夢です。

前田　大学の教員になって一〇年にもなりませんが、その間にも学生の就職状況が目まぐるしく変わる状況を目の当たりにしてきました。何事にも甘く、いろんな意味で基礎体力も不十分な学生たちですが、社会に巣立った後、職業人として成長していく正当なチャンスを得て、成熟した大人になって幸せな人生を歩んでもらいたいと思います。

若者が生まれた時期が悪かったというだけで、理不尽な扱いを受ける時代が来ないことを願っています。まちがいを繰り返さないためにも、就職氷河期世代への支援は一日も早く本格化すべきです。また少子化が進む日本で、どういう社会を次世代に渡すのか。

今の大人たちで覚悟を決め、次世代育成に思い切った投資をしなければ、「無子高齢化」の悪夢がほんとうに現実になってしまうと思います。

つねみ・ようへい……千葉商科大学国際教養学部専任講師、働き方評論家。一九七四年生まれ。一橋大学商学部卒業、同大学院社会学研究科修士課程修了。リクルート、バンダイ等を経て二〇一五年四月より現職。専攻は労働社会学。著書に『僕たちはガンダムのジムである』(日経ビジネス人文庫)『「就活」と日本社会』(NHKブックス)『なぜ、残業はなくならないのか』(祥伝社新書)『「働き方改革」の不都合な真実』(共著、イースト・プレス)『社畜上等！　会社で楽しく生きるには』(晶文社) 他。

おわりに

平成元年が始まったのは一九八九年、奇遇にも一・五七ショックを引き起こすことになった年である。そして平成は三一年をもって終わることになる。結局、この三〇年間、少子化の問題は解決されず、今後日本は加速度的に人口減と高齢化の道を歩むことになる（今からでもできることは、やれるだけやらねばならない）。平成は、少子化が加速度的に進んだ時代として記憶されることになるだろう。

平成は筆者自身が子どもを産み、働きながら子育てをしてきた時期でもある。その時と比べれば仕事と子育ての両立支援は進んでいるように思える。だが、大学生たちは生まれてからずっと、勢いがなく、縮小していく日本しか記憶にない。「本当に子育てできるかなあ」「両親を見ていると、子どもは二人が精一杯。うちはきょうだい同時大学生で、お父さんとお母さんが必死」「将来が不安。日本はこのままどうなるの」という。最近の就職では売り手市場のかれらだが、それでもかれらに見えている日本の未来は霧がかかっていて、少しも見通せないのだ。

わが子と同じような世代の学生たちに、「この社会では、安心して子どもを産んで育てていけるよ」という社会に変えられなかったことを、申し訳なく思うばかりだ。本書は何としてでも、平成の次の時代は次世代に安心して渡せる社会になってほしい、子どもたちが自分たちの未来に希望をもって生きていける社会になってほしい、という願いを込めて書いたものである。

また、この本は、岩波書店の編集者である中本直子さんとの出会いがなければ生まれなかった。少子化に警鐘を鳴らす本を書かないか、と声をかけると共に、森の中に迷い込んだような私に、いつも的確なアドバイスを与えて下さったことに感謝したい。また対談をお引き受けいただいた常見陽平氏にも感謝申し上げたい。実は常見氏には、数年前に筆者の勤務する大学の授業でのゲストスピーカーとして、学生を刺激していただいた。この本を書きながら、まさに常見氏が団塊ジュニア世代であったことに気づいた次第である。

筆者自身は、九〇年代初頭に初めての子どもを妊娠して退職し、その後米国に留学、帰国したのは九〇年代半ばであった。バブル崩壊前後の九〇年代前半の日本社会の動きがまったくわかっていなかったのだ。しかし、筆者が米国滞在中にはすでにジャパン・パッシングが感じられたものである。

留学先でベビーカーに子どもを乗せて私が大学に行くと、筆者に世界各国の留学生がそれぞれの国の育児事情について教えてくれたものだ。また、育児支援をはじめとして様々な社会保障制度をめぐって北欧と米国人の学生たちが議論を交わしていたことを思い出す。かれらは「すべてを個人で解決する米国型社会」と「個人の所得から次世代育成のコストを切り離し社会で支える北欧型」とどちらが最終的に社会の生産性を引き上げるか、という議論を何回も繰り返していた。高い税金を米国の学生から批判されたデンマーク出身の学生が、「一人でも多くの人の能力を伸ばし、活かし、一人ひとりの幸福を最大限にするのが政府の役割だ。それが生産性の高い強い社会をつくる」と言い返していたのを覚えている。

その北欧の理想も、時代の大きな流れの中で守り通せるかどうかが迫られている。だが、今も同じ「政府や政治の役割とは何か」という問いかけは続いている。

私たちの日本は次の世代に送る社会の未来ビジョンを描けるだろうか。

最後になるが、本文中のデータの集計ミスや誤記はすべて筆者の責である。また本書の一部は科学研究費助成事業の基盤研究（C）課題番号17K03792（代表前田正子）と、16K03716（代表吉田千鶴）の助成を受けて調査研究した成果が反映されている。この場を借りて深謝申し上げる。

平成最後の秋に、この世に生まれ来る子どもたちと若者たちに明るい次の時代が来ることを願って。

二〇一八年　秋

前田正子

参考文献

阿藤誠（二〇〇〇）「人口問題審議会の最終総会に寄せて」『人口問題研究』第五六巻第四号、八八―九三頁
阿藤誠編（一九九六）『先進諸国の人口問題――少子化と家族政策』東京大学出版会
阿部彩（二〇一七）「離婚と貧困の関連および離婚の子どもへの影響に関する試行的分析」労働政策研究・研修機構（二〇一七）、一一―二〇頁
有吉佐和子（一九七二）『恍惚の人』新潮社
石井太・是川夕・武藤憲真（二〇一三）「外国人受入れが将来人口を通じて社会保障に及ぼす影響に関する人口学的研究」『人口問題研究』第六九巻第四号、六五―八五頁
エズラ・F・ヴォーゲル（一九七九）『ジャパン アズ ナンバーワン――アメリカへの教訓』広中和歌子・木本彰子訳、TBSブリタニカ
江原由美子（二〇一五）「見えにくい女性の貧困」小杉礼子・宮本みち子編著『下層化する女性たち――労働と家庭からの排除と貧困』勁草書房、四五―七二頁
大内裕和（二〇一七）『奨学金が日本を滅ぼす』朝日新書
太田聰一・玄田有史・近藤絢子（二〇〇七）「溶けない氷河――世代効果の展望」『日本労働研究雑誌』第五六九号、労働政策研究・研修機構、四―一六頁
外務省（一九五七）『わが外交の近況』 https://www.mofa.go.jp/mofaj/gaiko/bluebook/1957/s32-contents.htm
河合雅司（二〇一五）『日本の少子化百年の迷走――人口をめぐる「静かなる戦争」』新潮選書
――――（二〇一七）『未来の年表――人口減少日本でこれから起きること』講談社現代新書
経済企画庁（一九九二）『平成四年版国民生活白書 少子社会の到来、その影響と対応』大蔵省印刷局

厚生省（一九九四）『平成五年版厚生白書　未来をひらく子どもたちのために――子育ての社会的支援を考える』厚生問題研究会
――（一九九八）『平成一〇年版厚生白書　少子社会を考える――子どもを産み育てることに「夢」を持てる社会を』ぎょうせい
厚生労働省「人口動態調査」
――（二〇〇二）『「社会保障負担等の在り方に関する研究会」報告書』
――（二〇〇三）『社会連帯による次世代育成支援に向けて――次世代育成支援施策の在り方に関する研究会報告書』ぎょうせい
――（二〇一一）『平成二二年就業形態の多様化に関する総合実態調査の概況』
――（二〇一三）『平成二五年版厚生労働白書　若者の意識を探る』日経印刷
――（二〇一五）『平成二七年版厚生労働白書　人口減少社会を考える――希望の実現と安心して暮らせる社会を目指して』日経印刷
厚生労働省大臣官房統計情報部（二〇一三）『二一世紀出生児縦断調査及び二一世紀成年者縦断調査特別報告書（一〇年分のデータより）』厚生労働統計協会
河野稠果（二〇〇七）『人口学への招待――少子・高齢化はどこまで解明されたか』中公新書
国税庁長官官房企画課（二〇一七）「平成二八年分　民間給与実態統計調査」
国立社会保障・人口問題研究所（二〇一七）『現代日本の結婚と出産――第一五回出生動向基本調査（独身者調査ならびに夫婦調査）報告書』厚生労働統計協会
――（二〇一七）「日本の将来推計人口（平成二九年推計）」
――（二〇一八）「日本の地域別将来推計人口（平成三〇年推計）」
国立成育医療研究センター（二〇一八）「人口動態統計（死亡・出生・死産）から見る妊娠中・産後の死亡の現状」
後藤英之・宮﨑義久・プラート　カロラス・李濟民（二〇一六）「北海道ニセコにおける観光地域研究――アンケートによる冬季観光動態調査」『商学討究』第六七巻第一号、小樽商科大学、三〇三―三二六頁

後藤道夫（二〇一六）「下流化の諸相と社会保障制度のスキマ」『POSSE』第三〇号、三二―四九頁

斎藤環（一九九八）『社会的ひきこもり――終わらない思春期』PHP新書

佐藤愛子（二〇一六）『九十歳。何がめでたい』小学館

四方理人・山田篤裕（二〇一八）「家族の変化と相対的貧困率の変化――親と同居する無配偶の成人子ども増加の影響」山田篤裕・駒村康平・四方理人・田中聡一郎・丸山桂『最低生活保障の実証分析――生活保護制度の課題と将来構想』有斐閣、一〇〇―一二二頁

周燕飛（二〇一二）「専業主婦世帯の収入二極化と貧困問題」JILPTディスカッションペーパー 一二―〇八、労働政策研究・研修機構

――（二〇一七）「子育て世帯のディストレス」JILPTリサーチアイ第二〇回、労働政策研究・研修機構

自治体戦略二〇四〇構想研究会（二〇一八）『自治体戦略二〇四〇構想研究会 第一次報告書』

就職氷河期世代の経済・社会への影響と対策に関する研究委員会（二〇一六）『新たな就職氷河期世代を生まないために』連合総合生活開発研究所

自由民主党（一九七九）『日本型福祉社会』研修叢書八、自由民主党広報委員会出版局

首相官邸（二〇〇八）『社会保障国民会議 最終報告書』

――（二〇一三）『社会保障制度改革国民会議 報告書――確かな社会保障を将来世代に伝えるための道筋』

白河桃子・常見陽平（二〇一二）『女子と就活――二〇代からの「就・妊・婚」講座』中公新書ラクレ

人口問題審議会（一九四九）「人口問題審議会建議」

――（一九五九）『人口白書 転換期日本の人口問題』

――（一九六九）「わが国人口再生産の動向についての意見（中間答申）」

――（一九七四）『人口白書 日本人口の動向――静止人口をめざして』

――（一九八〇）『出生力動向に関する特別委員会報告』

人口問題審議会の過去の報告書に関しては国立社会保障・人口問題研究所の「人口問題審議会 資料」というデータベースにまとめられている http://www.ipss.go.jp/history/shingikai/index.asp

――（一九九七）『少子化に関する基本的考え方について――人口減少社会、未来への責任と選択』

――（一九九九）『少子化に関連する諸外国の取組みについて』
https://www.mhlw.go.jp/www1/houdou/1106/h0628-2_4.html

総合研究開発機構（二〇〇八）『就職氷河期世代のきわどさ――高まる雇用リスクにどう対応すべきか』ＮＩＲＡ研究報告書、総合研究開発機構

総務省統計局「国勢調査」

――（二〇一四）「平成二五年住宅・土地統計調査」

――（二〇一七）「平成二九年就業構造基本調査」

――（二〇一八）「統計からみた我が国の高齢者――「敬老の日」にちなんで」統計トピックス一一三
http://www.stat.go.jp/data/topics/pdf/topics113-1.pdf

筒井淳也（二〇一五）『仕事と家族――日本はなぜ働きづらく、産みにくいのか』中公新書

都村敦子（一九九九）「家族政策・社会扶助・住宅手当等」丸尾直美・塩野谷祐一編（一九九九）『先進諸国の社会保障5　スウェーデン』東京大学出版会、一八六―二二五頁

東京大学Cedep・ベネッセ教育総合研究所（二〇一八）『乳幼児の生活と育ちに関する調査二〇一七』ベネッセ教育総合研究所

内閣府（二〇〇七）「「子どもと家庭を応援する日本」重点戦略」

――（二〇一一）「未婚男性の結婚と仕事に関する意識調査」

――（二〇一五）『平成二七年版男女共同参画白書』勝美印刷

――（二〇一六）『育児と介護のダブルケアの実態に関する調査　報告書』
http://www.gender.go.jp/research/kenkyu/wcare_research.html

――（二〇一七）『平成二九年版男女共同参画白書』勝美印刷

中村真由美（二〇一六）「地域ブロック内における出生率の違い――富山と福井の比較から」『家族社会学研究』第二八巻第一号、二六―四二頁

中村真由美・佐藤博樹(二〇一〇)「なぜ恋人にめぐりあえないのか?――経済的要因・出会いの経路・対人関係能力の側面から」佐藤博樹・永井暁子・三輪哲編著『結婚の壁――非婚・晩婚の構造』勁草書房、五四―七三頁
西文彦(二〇一七)「親と同居の未婚者の最近の状況(二〇一六年)」http://www.stat.go.jp/training/2kenkyu/pdf/parasi16.pdf
日本経営者団体連盟(一九九五)『新時代の「日本的経営」――挑戦すべき方向とその具体策』日本経団連出版
日本労働組合総連合会(二〇一七)「非正規で働く女性に関する調査二〇一七」https://www.jtuc-rengo.or.jp/info/chousa/data/20170825.pdf
農林水産省「農業労働力に関する統計」http://www.maff.go.jp/j/tokei/sihyo/data/08.html
野村総合研究所(二〇一六)「二〇三〇年の既存住宅流通量は三四万戸に増加――空き家は二〇三三年に二、〇〇〇万戸超へと倍増」ニュースリリース六月七日 http://www.nri.com/~/media/PDF/jp/news/2016/160607_1.pdf
濱口桂一郎(二〇一三)『若者と労働――「入社」の仕組みから解きほぐす』中公新書ラクレ
原俊彦(二〇一六)「縮減する日本社会の課題」佐藤龍三郎・金子隆一編著『ポスト人口転換期の日本』原書房、一八七―二一六頁
藤井良治・塩野谷祐一編(一九九九)『先進諸国の社会保障6　フランス』東京大学出版会
法務省(二〇一八)「平成二九年末現在における在留外国人数について(確定値)」報道発表資料三月二七日
前田正子(二〇一四)『みんなでつくる子ども・子育て支援新制度――子育てしやすい社会をめざして』ミネルヴァ書房
――――(二〇一七)『大卒無業女性の憂鬱――彼女たちの働かない・働けない理由』新泉社
――――(二〇一七)『保育園問題――待機児童、保育士不足、建設反対運動』中公新書
松田茂樹(二〇一三)『少子化論――なぜまだ結婚、出産しやすい国にならないのか』勁草書房
丸尾直美・塩野谷祐一編(一九九九)『先進諸国の社会保障5　スウェーデン』東京大学出版会

水島治郎(二〇一二)『反転する福祉国家――オランダモデルの光と影』岩波書店
三輪哲(二〇一〇)「現代日本の未婚者の群像」佐藤博樹・永井暁子・三輪哲編著『結婚の壁――非婚・晩婚の構造』勁草書房、一三―三六頁
明治安田生活福祉研究所(二〇一六)「第九回結婚・出産に関する調査」
文部科学省(各年度版)「学校基本調査」
――(二〇一七)『「日本語指導が必要な児童生徒の受入状況等に関する調査(平成二八年度)」の結果について』
文部科学省初等中等教育局(二〇一八)「公立の高等学校における妊娠を理由とした退学等に係る実態把握の結果等を踏まえた妊娠した生徒への対応等について(通知)」
文部科学省・厚生労働省(二〇〇二)『「高卒者の職業生活の移行に関する研究」最終報告』
山田篤裕(二〇一二)「最低所得保障、大改革の時」『日本経済新聞』一〇月二三日「経済教室」
山田昌弘(一九九九)『パラサイト・シングルの時代』ちくま新書
――(二〇〇四)『パラサイト社会のゆくえ――データで読み解く日本の家族』ちくま新書
――(二〇〇七)『少子社会日本――もうひとつの格差のゆくえ』岩波新書
吉田千鶴(二〇一一)「育児」内閣府『平成二二年度少子化社会に関する国際意識調査 報告書』一二六―一五〇頁
連合総合生活開発研究所(二〇一六)『新たな就職氷河期世代を生まないために――連合総研・就職氷河期世代研究会報告』連合総合生活開発研究所
労働省職業安定局(一九九二)『外国人労働者受入れの現状と社会的費用――外国人労働者が労働面等に及ぼす影響等に関する研究会専門部会報告書』労務行政研究所
労働政策研究・研修機構(二〇一七)『子育て世帯のディストレス』労働政策研究報告書一八九、労働政策研究・研修機構
――(二〇一八)『諸外国における育児休業制度等、仕事と育児の両立支援にかかる諸政策――スウェーデン、

『フランス、ドイツ、イギリス、アメリカ、韓国』ＪＩＬＰＴ資料シリーズ一九七、労働政策研究・研修機構
ＯＥＣＤ “OECD Family Database” http://www.oecd.org/els/family/database.htm

前田正子
甲南大学マネジメント創造学部教授．こども家庭庁こども家庭審議会委員，こどもの居場所部会会長．大阪生まれ．
1982年早稲田大学教育学部卒業．男女雇用機会均等法施行前に就職，育児休業法施行前に出産退職．1992年から1994年米国ノースウエスタン大学ケロッグ経営大学院に家族で留学．帰国後は第一生命ライフデザイン研究所（現：第一生命経済研究所）で育児支援や保育政策を研究．慶應義塾大学商学部で博士号取得後，第2子の育児休業明けから横浜市副市長（2003-07年）として医療・福祉・教育を担当．横浜市国際交流協会理事長を経て2010年より現職．
著書に『大卒無業女性の憂鬱』（新泉社）『保育園問題』（中公新書）『福祉がいまできること』『子育ては，いま』（岩波書店）他．共著に『母の壁』（岩波書店）．

無子高齢化　出生数ゼロの恐怖

2018年11月27日　第1刷発行
2024年7月5日　第5刷発行

著　者　前田正子《まえだまさこ》

発行者　坂本政謙

発行所　株式会社　岩波書店
〒101-8002　東京都千代田区一ツ橋2-5-5
電話案内　03-5210-4000
https://www.iwanami.co.jp/

印刷・理想社　カバー・半七印刷　製本・松岳社

ISBN 978-4-00-002233-0　Printed in Japan

母の壁*
――子育てを追いつめる重荷の正体
前田正子
安藤道人
四六判二二〇頁
定価一九八〇円

新版 中絶と避妊の政治学
――戦後日本のリプロダクション政策
ティアナ・ノーグレン
岩本美砂子 監訳
A5判三四二頁
定価四一八〇円

2050年 超高齢社会のコミュニティ構想
若林靖永
樋口恵子 編
四六判二〇八頁
定価一八七〇円

21世紀未来圏 日本再生の構想*
――全体知と時代認識
寺島実郎
四六判三二四頁
定価二八六〇円

ルポ 保育崩壊*
小林美希
岩波新書
定価九二四円

ルポ 貧困女子*
飯島裕子
岩波新書
定価九〇二円

*は電子書籍あり

岩波書店刊
定価は消費税10%込みです
2024年7月現在